AF468948

L'ARTICLE 7

SCEAUX. — IMPRIMERIE CHARAIRE ET FILS.

L'ARTICLE 7

DISCOURS

DE

M. JULES FERRY

MINISTRE DE L'INSTRUCTION PUBLIQUE ET DES BEAUX-ARTS

DEVANT LE SÉNAT

Prix : 30 centimes

PARIS

A. DEGORCE-CADOT, ÉDITEUR

9, RUE DE VERNEUIL, 9

L'ARTICLE 7

SÉNAT — SÉANCE DU 5 MARS 1880

M. JULES FERRY, MINISTRE DE L'INSTRUCTION PUBLIQUE ET DES BEAUX-ARTS.

Messieurs, le Gouvernement a le désir de ne pas retarder plus longtemps la réponse qu'il doit au discours de l'honorable M. Buffet.

Ce désir s'expliquera suffisamment aux yeux du Sénat par l'importance et de l'orateur et du discours, et, par cette raison, qu'on y retrouve, — sous une forme incisive et avec la précision que, pour mon compte, je suis toujours heureux de rencontrer chez mes adversaires, — les principaux griefs qui nourrissent depuis tant de mois, dans les journaux et dans les Chambres, la polémique autour de l'article 7.

Ces griefs sont au nombre de trois.

L'honorable M. Buffet a dit d'abord que l'article 7 était inspiré par l'esprit de secte, qu'il visait l'enseignement chrétien, et que, s'il respectait en principe la liberté d'enseignement, il la détruisait dans ses effets ; il a reproché ensuite à l'article 7 de s'appuyer sur une légalité caduque, contestée, contestable, frappée de désuétude ; enfin il a demandé au Gouvernement, qui a présenté le projet de loi, s'il avait sérieusement instruit le procès qu'il intente aux congrégations non reconnues. Quant à celle qui est particulièrement visée par l'article 7, quant à la compagnie de Jésus, l'honorable M. Buffet vous a dit qu'elle est calomniée, qu'elle ne compte dans son sein que des patriotes, qu'elle ne forme qu'une jeunesse patriotique, qu'elle est d'ailleurs indifférente en politique, et que les jeunes gens qui sortent de ses mains font de bons citoyens, on a presque dit de bons républicains. (Sourires à gauches.)

Je voudrais suivre l'honorable M. Buffet dans la carrière qu'il s'est ainsi tracée.

Messieurs, il n'est pas exact, il est souverainement injuste de dire que le projet de loi que le Gouvernement vous présente est inspiré par l'esprit de secte,

M. Buffet. Je n'ai pas dit l'esprit de secte.

M. le ministre... par la haine de l'enseignement chrétien, ce qui est une forme de l'esprit de secte. Il serait, en effet, bien étrange qu'un projet de loi qui laisse subsister — comme je vous le démontrerai aisément tout à l'heure — une si large part de l'enseignement chrétien, catholique, fût inspiré par des vues sectaires.

Non, il est inspiré uniquement par des vues politiques. Ce que nous vous apportons, c'est une loi politique. Nous ne sommes pas des théoriciens, des métaphysiciens chargés de discuter à cette tribune des formules précises et philosophiques sur les droits de l'Etat et sur les droits de l'individu ; nous sommes des hommes politiques ayant charge de fonder dans ce pays un gouvernement qui a coûté de longues années d'efforts et de patience (Très bien ! très bien ! à gauche)... un gouvernement qui crée un état de choses nouveau sur un sol ébranlé, en face de passions qui ne désarment pas, car nous n'avons ici, en aucune façon, l'opposition dans la République, — l'opposition en face de laquelle nous nous trouvons est ouvertement contraire au principe même du Gouvernement. (Très bien ! à gauche).

Le Gouvernement nouveau qui se fonde a le droit, il a le devoir, en raison même des difficultés au milieu desquelles il se fonde et parce qu'il n'est pas établi sur une longue suite d'aïeux, de porter un œil vigilant sur l'éducation de la jeunesse. (Applaudissements à gauche.)

Et, puisqu'il existe, comme l'a reconnu hier un membre éminent de cette Chambre, dans l'éducation publique en France, une congrégation aussi puissante qu'illustre, qui domine toutes les autres par ses succès ; puisque cette congrégation — on l'a reconnu hier — ne peut être défendue dans ses principes, dans ses doctrines, ni par les libéraux, ni par les catholiques, — c'est M. Bérenger qui l'a dit, — et qu'elle est véhémentement soupçonnée par l'honorable sénateur d'être en état de conspiration permanente contre nos institutions... (Exclamations à droite.)

Voix à droite. Il n'a pas dit cela !

M. le ministre. Je ne fais que citer M. Bérenger, messieurs — si cette corporation existe, il n'est pas permis au gouvernement républicain de la considérer d'un œil indifférent, et de se croiser les bras en face d'elle. (Vives approbations à gauche.)

L'Etat doit être indifférent en face de certaines doctrines; il a le devoir — l'Etat enseignant et surveillant l'enseignement — d'être indifférent au milieu des doctrines religieuses, car il leur doit à toutes une égale protection. Il a le devoir, vis-à-vis des doctrines scientifiques, de garder la plus complète neutralité, car il n'a pas le dépôt de la vérité scientifique, et son devoir est d'aller chercher le plus savant là où il est, pour le faire monter dans les chaires que le budget soutient et subventionne. Mais il y a deux choses dans lesquelles l'Etat enseignant et surveillant ne peut pas être indifférent : c'est la morale et c'est la politique; car, en morale comme en politique, l'Etat est chez lui : c'est son domaine, et, par conséquent, c'est sa responsabilité. (Très bien ! très bien ! à gauche.)

Telle était l'opinion d'un des plus illustres membres de cette Chambre qu'on aime souvent à citer de part et d'autre, d'un des principaux auteurs de la Constitution de 1848, de M. Dufaure. Il l'a dit, en termes d'une remarquable concision.

On vous a rappelé déjà quelle était, à cette époque, la position du débat, sur la liberté de l'enseignement au sein de l'Assemblée constituante. Le parti catholique, — car il portait déjà ce nom que lui avait donné son plus illustre chef, M. le comte de Montalembert, — le parti catholique, réclamait la liberté illimitée de l'enseignement, il n'admettait pas la surveillance de l'Etat.

L'honorable M. Jules Simon repoussait, dans les termes les plus vifs, les plus spirituels, la prétention du parti catholique de faire insérer le droit d'enseigner parmi les droits naturels; la commission de Constitution ne voulait pas non plus faire du droit d'enseigner un droit naturel, et voulait seulement l'inscrire dans la Constitution comme une liberté garantie et surveillée par la loi.

L'honorable M. Dufaure, entrant au vif de la question, comme nous voulons y entrer aujourd'hui, disait :

« Nous n'avons pas pu nous dissimuler ce que tout homme sensé avouera avec nous, qu'en présence de doctrines diverses, l'Etat ne peut pas être indifférent.

« Nous n'avons pas pu croire, lorsque nous entendions dans cette enceinte même les accusations si véhémentes que M. de Montalembert — peut être avec raison — portait contre toutes les branches du socialisme, et, d'un autre côté, les méfiances que l'on élevait contre l'enseignement donné par l'Eglise catholique, nous n'avons pas pu admettre qu'en présence de cette lutte engagée au sein de notre société, l'Etat dût se croiser les bras. » (Très bien ! à gauche.)

Si je ne craignais de multiplier les lectures, je demanderais au Sénat la permission d'ajouter à ces quelques mots si décisifs le beau développement que, dans son rapport, déposé à la séance du 5 février 1849, M. Jules Simon y ajoutait, protestant avec une très grande force d'éloquence contre cette doctrine fatale de l'indifférentisme du Gouvernement en face des doctrines quelles qu'elles fussent.

« Parmi les défenseurs de la liberté d'enseignement, il en est pour qui la liberté n'existe qu'à la condition d'être absolue.

« Ils oublient que la règle qui limite la liberté est en même temps ce qui la fait vivre. Cette liberté absolue, en matière d'enseignement, est une prime offerte à l'intrigue. C'est un moyen assuré, pour toute corporation puissante qui voudra faire servir l'éducation à sa fortune, d'écraser toute concurrence, et de créer, au nom de la liberté, le plus odieux des monopoles... » (Très bien! à gauche.)

« C'est en moins de dix années la désorganisation morale et intellectuelle d'un pays, par l'anarchie des idées et des doctrines. L'Etat qui renonce à surveiller l'enseignement abdique tous ses droits, et jusqu'au droit de vivre, car il laisse s'établir dans son sein une puissance mille fois plus forte que la sienne, et contre laquelle aucune loi répressive ne prévaudra jamais. En s'isolant ainsi dans le gouvernement des intérêts matériels, il ne perd pas seulement sa puissance, il perd sa moralité. Au lieu d'être la raison publique éclairée et armée pour le bien de tous, il devient quelque chose d'oppressif et de tyrannique, une force que l'on subit sans la comprendre et sans l'aimer, une association entre les intérêts, d'où sont exclus les principes.

« Il y a une exagération coupable à soutenir que les droits de la famille sont détruits parce que l'Etat intervient pour les protéger et les garantir. Reproche-t-on à l'Etat, comme une tyrannie, les soins qu'il prend de la santé du corps, en soumettant à des règles déterminées l'exercice de la médecine? Lui reproche-t-on de protéger le patrimoine du fils jusque dans la main de son père? Les intérêts de l'intelligence seront-ils moins sacrés que ceux-là? Et quand même l'Etat se reposerait sur la famille du soin d'élever des hommes, n'est-ce pas à lui qu'il appartient de former des citoyens?

« Laissons donc aux Etats athées, aux gouvernements de force brutale, cette liberté illimitée; et comme nous fondons notre République sur des idées, n'abdiquons pas pour elle la direction des intelligences... » (Applaudissements à gauche.)

M. Jules Simon et M. Dufaure, messieurs, se trouvaient d'accord avec un homme qui, bien peu d'années auparavant, avait eu à exposer une doctrine tout à fait semblable sur la liberté d'enseigner. Je veux parler de M. Thiers.

M. Thiers, dans ce rapport de 1844, qui est si peu connu, — car il n'a pas été discuté, — et qui mérite, à un si haut degré, d'être connu, lu et médité, M. Thiers définissait avec la plus grande netteté les deux droits qui sont en conflit et qu'il s'agit de mettre d'accord dans l'éducation de la jeunesse : le droit du père et le droit de l'Etat. Vous allez voir comment il définissait et jusqu'où il portait le droit de l'Etat :

« L'enfant qui naît appartient à deux autorités à la fois, au père qui lui a donné le jour, et qui voit en lui sa propre postérité, le continuateur de sa famille, et à l'Etat qui voit en lui le citoyen futur, le continuateur de la nation. Les droits de ces deux autorités sont divers, mais également sacrés, et ne doivent être éludés ni l'un ni l'autre. Le père a le droit d'élever cet enfant d'une manière convenable à la sollicitude paternelle, l'Etat a le droit de le faire élever d'une manière conforme à la constitution du pays. » (Très bien! Très bien! à gauche.)

Et un peu plus loin, partant de ce principe, — et lui, l'homme d'Etat, l'homme des choses précises, des choses pratiques, préférait, et à bon droit, une description à une définition métaphysique, — voici le tableau qu'il trace de la liberté d'enseignement. Sans s'arrêter à chercher la formule métaphysique, voici comment il dépeint la société, une société, comme la nôtre, dans laquelle la liberté de l'enseignement existera et sera organisée :

« Traçons au juste et sans exagération, le tableau que doit présenter un pays où règne la liberté de l'enseignement : un tel pays est celui où la loi a procuré des régimes d'éducation divers entre lesquels la sollicitude paternelle peut choisir, suivant ses goûts et ses sentiments, mais tous animés de l'esprit commun, de la constitution du pays, tous conformes au génie de la nation, tous destinés à lui conserver son rang dans l'estime du monde civilisé. » (C'est cela! très bien! à gauche.)

« Il faut nous tenir dans la vérité de notre temps et de notre pays : cette vérité c'est une certaine diversité dans le régime d'éducation, diversité qui permette à tous les pères de famille de suivre les penchants de leur cœur, les vues de leurs ambitions, les scrupules de leur conscience, mais ne permette à aucun de faire de mauvais citoyens... » (Très bien! très bien! et applaudissements à gauche et sur quelques bancs à droite.)... « des citoyens d'un autre temps, d'un autre pays... » (Très bien! à droite)... « d'une autre constitution, des citoyens qu'on aurait élevés à croire que la Révolution française fut un long crime... » (Bravos et applaudissements à gauche)... « Napoléon, un usurpateur puni par sa chute, la France sa complice, justement punie avec lui, et, remontant dans le passé, que la révocation de l'édit de Nantes fut une mesure digne de l'approbation des grands esprits. » (Nouveaux applaudissements sur les mêmes bancs.)

M. Paris. Qui est-ce qui défend la révocation de l'édit de Nantes?

M. le ministre. Messieurs, ce n'est pas là l'image assurément d'une liberté absolue, mais c'est l'image d'une liberté réglée, appropriée à l'état de choses où nous vivons, aux difficultés politiques que nous avons traversées et dans lesquelles nous ne voulons pas retomber. (Très bien! à gauche.)

Eh bien, messieurs, je vous le demande, lorsque l'article 7 sera voté, si le Sénat lui donne son assentiment, est-ce que l'État de choses créé par cette législation nouvelle ne sera pas exactement celui que vient de décrire l'honorable M. Thiers? (Très bien! très bien! à gauche.)

Dans cet état de choses réglé par l'article 7, est-ce qu'il n'y aura plus, comme on le disait hier, de place pour l'enseignement chrétien?

L'honorable M. Buffet s'est fort égayé hier sur la pensée qu'il attribuait au ministre de l'instruction publique de transporter dans les établissements de l'Etat, les 16 ou 20,000 jeunes gens qui sont dans les établissements dirigés par les congrégations non reconnues. L'honorable M. Buffet sait très bien que les renseignements que nous avons donnés à la commission, sur sa demande, que la preuve que nous avons faite de l'existence dans les établissements de l'Etat d'un nombre de places très suffisant pour recueillir de 16 à 20,000 jeunes gens, que cette réponse que nous avons opposée à une objection ne révèle de notre part aucune prétention de cette espèce.

M. Buffet. Je n'ai pas dit que vous vouliez les prendre de force! (Rires à droite.)

M. le ministre. Nous n'avons pas la prétention de recueillir toute cette jeunesse, et nous n'avons pas l'espérance d'en recueillir le plus grand nombre.

Un sénateur a droite. Dieu merci!

M. le ministre. Il nous en viendra, messieurs, et vous verrez, par le nombre de ceux qui viendront, ce qu'il faut rapporter à la mode du jour, à la vogue du moment dans le succès de certains établissements congréganistes. (Très bien! très bien! à gauche.) Mais il n'en viendra qu'une partie. Où iront les autres? Messieurs, la statistique vous répond : En dehors des établissements congréganistes, oubliez-vous qu'il y a, à l'heure présente, 122 établissements dirigés par des prêtres séculiers, qu'ils étaient 150 il y a dix ans, et que la statistique nous a permis de constater ce phénomène aussi considérable qu'inquiétant, à savoir que les progrès des jésuites, depuis dix ans, s'accomplissent uniquement aux dépens des établissements tenus par les ecclésiastiques séculiers?

Ces derniers étaient 152 il y a dix ans; ils ne sont que 122 aujourd'hui, et ils comptent encore 14,000 élèves ; puis, il y a les petits séminaires, qui sont de véritables écoles secondaires; ils comptent 13,000 élèves ; enfin, il y a les congrégations d'hommes autorisées. Et vous croyez que tous ces cadres, restreints par la concurrence des établissements jésuitiques, ne sont pas doués d'une élasticité suffisante pour recueillir la jeunesse qui perdrait ses maîtres ? Vous n'avez pas, je pense, la prétention de nous faire croire qu'aucun des établissements des jésuites n'aura des prêtres séculiers pour acquéreurs?

La révolution que nous apportons dans l'éducation, il ne faut pas l'exagérer : elle sera surtout dans la substitution des maîtres séculiers, des ecclésiastiques séculiers aux jésuites. Cette substitution, à nos yeux, a un intérêt considérable, mais elle ne va pas plus loin, elle ne vous permet pas de dire que l'article 7 a pour but et pour effet de supprimer l'enseignement chrétien. (Très bien ! très bien ! à gauche.)

Pour les filles, — et j'attire toute l'attention du Sénat sur ce côté de la question, si propre à toucher un grand nombre des honorables membres qui m'entendent, — savez-vous combien il y a de religieuses dans les congrégations autorisées ? plus de 113 000 ! (Exclamations à gauche.) 113,000 qui tiennent plus de 16,000 écoles de filles ; et, à côté, combien de congrégations de femmes non autorisées? Elles représentent 13.000 religieuses avec 330 maisons.

Je me suis toujours demandé, messieurs, je me demande encore, je le demande à mes contradicteurs et à tous les hommes de bonne foi, pourquoi ces congrégations de femmes ne viennent-elles pas nous demander la reconnaissance légale ?

Pourquoi les 13,000 religieuses non autorisées ne font-elles pas ce qu'ont fait les 113 000 autorisées? Pourquoi les 330 écoles non autorisées ne font-elles pas ce qu'ont fait les 16,000 autres (Très bien! très bien ! et applaudissements à gauche.)

Qu'on me trouve une bonne raison, une raison avouable ! (Nouvelle approbation sur les mêmes bancs.)

La raison, messieurs, ce n'est pas la difficulté d'obtenir la reconnaissance légale ; car pourquoi le Gouvernement, qui est investi par la loi de 1825 du droit d'autoriser les congrégations de filles, qui le peut faire par un simple décret, ferait-il plus mauvaise figure à 13,000 nouvelles venues qu'aux 113,000 qu'il reconnaît et dont il subventionne un certain nombre?

Savez-vous pourquoi on ne lui demande pas la reconnaissance? c'est parce qu'il faudrait montrer ses statuts ; c'est parce que la loi de 1825 n'admet pas toutes les bases de statuts, ni toutes les formes de congrégations, c'est qu'elle repousse absolument les vœux perpétuels, et qu'elle n'admet que les vœux de cinq ans, c'est qu'elle exige non seulement l'approbation de l'évêque, mais la soumission à l'ordinaire, ce qui ne peut convenir aux congrégations de femmes affiliées à la société de Jésus ; c'est enfin que la reconnaissance est entourée de formalités civiles parfaitement réglées par la loi, parfaitement honorables et protectrices pour tout le monde, une enquête de *commodo vel incommodo* et un avis du Conseil municipal ; or, on ne veut pas toutes ces choses, on ne reconnait pas cette loi civile, on veut être une milice romaine indépendante ! (Bravos et applaudissements à gauche.)

Ainsi, messieurs, après le vote de l'article 7, l'enseignement chrétien ne sera nullement atteint ; seulement il fonctionnera au grand jour, on y verra plus clair, et tout se passera sous l'observation, sous la garantie et sous l'œil des lois. (Très bien ! très bien! à gauche.)

Ceci, messieurs, m'amène à la question de légalité. Je ne veux pas reprendre ce débat : je ne veux pas examiner quelle valeur il convient de donner à cette thèse de la cohabitation qui pourrait protéger un nombre indéterminé de personnes vivant sous le même toit ; je ne veux pas même indiquer combien ce refuge, au point de vue de la légalité, est précaire, et combien la thèse derrière laquelle s'abritent nos contradicteurs est fragile en présence de la loi de 1834. Les congrégations dont il s'agit, celles qui sont à craindre, celles que nous redoutons justement pour la société civile, ne sont pas sous le même toit ; affiliées entre elles, elles sont répandues sur toute la surface du territoire, et si l'exception de l'article 291 pouvait couvrir l'un de ces toits, il ne couvrirait pas l'ensemble de la congrégation. (Protestations à droite.)

M. Delsol. Poursuivez-les, si vous avez une loi.

M. le ministre. Messieurs, je veux dire seulement quel est aux yeux du Gouvernement, l'état de la législation : c'est l'état d'une législation parfaitement vivante, parfaitement intacte depuis le premier anneau de la chaîne jusqu'au dernier. (Vive approbation à gauche.)

J'affirme, messieurs, — et j'apporte ici la doctrine du Gouvernement — que non seulement le décret de messidor an XII, mais les lois de 1790 et de 1792 qui prohibent les congrégations sont encore en vigueur. Très bien ! très bien ! à gauche.)

J'affirme que ces lois ont été confirmées et fortifiées par les lois de 1817 et de 1825. Je fais remarquer au Sénat, qui n'est pas une cour de justice, qu'en cette matière le véritable interprète de la loi, c'est la magistrature et que la jurisprudence est constante.

L'arrêt de 1826, le célèbre arrêt de la cour de Paris, rendu dans l'affaire Montlosier, bien qu'il soit l'œuvre de magistrats souverainement conservateurs et catholiques, confirme toutes les lois précédentes, aussi bien les édits de Louis XV et de Louis XVI, que les lois de la Révolution, que les lois de 90 et de 92, ces lois que, dans la discussion de l'autre Chambre, on a appelées des lois de colère et d'affolement..

Et depuis l'arrêt de 1826, qui établit formellement que ces lois existent et qu'elles doivent être appliquées ; depuis le rapport de M. Portalis, — qui, je suppose, est un juge compétent et un jurisconsulte que personne ici ne récusera, — en 1827, sur la pétition Montlosier; depuis le rapport d'un homme illustre, dont le nom est si dignement porté dans cette enceinte, M. Bérenger — en 1828, sur l'exécution de l'ordonnance de 1828, à laquelle l'article 7 est emprunté...

M. Bérenger. C'est antérieur à 1848 !

M. le ministre. Tout cela est antérieur à 1848, c'est ce que je dis, mais depuis 1848, je puis faire passer sous vos yeux, messieurs, si vous le désirez, les arrêts de 1849, de 1865, de 1867, qui ont déclaré que toute cette législation est vivante :

Voici, par exemple, l'arrêt de la cour de Caen, rendu dans l'affaire des trappistes de Briquebec ; je vous en citerai quelques lignes seulement, mais tout à fait décisives :

« Que sans doute il est permis de s'associer pour discuter et travailler en commun, mais que si, sous la forme apparente d'une société purement civile, on a déguisé une véritable congrégation religieuse, on ne peut échapper par cette simulation à la prohibition de la loi ; qu'alors la société manque d'une condition essentielle à la validité d'un objet licite ; qu'à la vérité, les membres ne cessent pas pour cela de jouir, pris isolément, du bénéfice de droit commun, et qu'un acte fait dans l'intérêt individuel de tel ou tel d'entre eux serait valable ; mais que, s'il est constaté, d'une part, que l'association cache une congrégation religieuse à qui la vie civile est refusée, et que, d'autre part, l'acte souscrit en apparence au pro it d'une personne privée n'a eu lieu, en réalité, que dans l'intérêt de l'être collectif, il ne saurait être sanctionné par la justice ; qu'autrement, non seulement les dispositions de la loi seraient illusoires, mais les congrégations non autorisées seraient dans une situation meilleure que les congrégations légales dont la capacité est limitée et contrôlée...

M. Buffet. C'était une affaire civile.

M. le ministre. La cour de cassation, devant laquelle les trappistes s'étaient pourvus, s'approprie, le 27 février 1849, la doctrine de la cour de Caen. Le rapport du conseiller Meynard, qui jouissait d'une grande autorité à la cour suprême, a fait d'avance justice de tous les arguments qui ont été produits à cette tribune... (Bruit à droite.)

Attendez, messieurs, voici la citation :

« Il ne convient pas, dit le conseiller rapporteur, dinsister sur les principes de droit public tant de fois reconnus et appliqués, qui considèrent comme illicites les congrégations religieuses non autorisées, et vous nous permettrez de laisser sans réponse tout ce qui a pu être dit par les demandeurs dans le dessein d'ébranler et de rendre douteuse une vérité que le décret de messidor an XII et les lois postérieures ont rendue incontestable. (Très bien ! très bien ! à gauche. — Rumeurs à droite.) Messieurs ce sont les juges qui font la jurisprudence.

M. Delsol. L'arrêt se place au point de vue de la personnalité civile seulement.

M. Baragnon. Montrez-en une seule condamnée à l'amende.

M. le président. Monsieur Baragnon, n'interrompez pas.

M. le ministre. Je ne propose de condamner personne à l'amende, monsieur Baragnon.

M. Baragnon. Je vous le demande ; montrez-nous une seule congrégation condamnée à l'amende.

M. le ministre. Je n'ai pas besoin de vous montrer une condamnation à l'amende dans des arrêts de justice qui ont pour but d'établir le caractère légal des congrégations... (Nouvelles interruptions à droite.) Ces arrêts portent qu'il faut que l'objet d'une association soit licite Quand ils interdisent ces congrégations...

M. LE DUC DE BROGLIE. Il s'agissait d'annuler un legs.

M. LE MINISTRE... Savez-vous sur quelle base? C'est toujours sur la même doctrine, avec des variétés sans doute, mais toujours sur la même, au fond, que portent les décisions de justice. Elles sont l'application aux congrégations non autorisées de la théorie, si connue en droit, de la personne interposée...

A DROITE. C'est cela.

M. LE DUC DE BROGLIE. Pour acquérir.

M. LE MINISTRE. Et c'est précisément cette application constante de la théorie des personnes interposées qui prouve que la congrégation n'est pas licite. (Bruyantes interruptions à droite). A quoi sert de m'interrompre aussi bruyamment?

Quelle est la théorie de droit que l'honorable M. Buffet et l'honorable M. Clément ont apportée à cette tribune? c'est que les congrégations non reconnues ont le droit de tout faire. (Dénégations à droite)... à condition de le faire comme individus.

A GAUCHE. C'est cela!

M. LE MINISTRE. Et comme il n'y a pas d'action, ni celle d'enseigner ni celle de recevoir ou d'acquérir, qui ne puisse être faite par les congrégations comme individus, la doctrine qui a été apportée ici par M. Buffet, constituerait pour les congrégations non reconnues, un état d'indépendance absolue, aussi bien au point de vue de l'enseignement que de l'acquisition des biens... (A droite : Non! non! — Très bien! à gauche.)... qui les placerait évidemment dans une situation privilégiée, par rapport aux congrégations reconnues. (Approbation à gauche.) Car les congrégations reconnues ne peuvent acquérir que dans certaines formes et dans certaines limites, et les congrégations non reconnues auraient toujours le droit de s'effacer, et de dire : Ce n'est pas la congrégation, c'est l'individu, c'est le congréganiste. Elles pourraient ainsi acquérir sans aucune espèce de garantie légale. (Très bien! très bien! à gauche.)

Aussi, messieurs, n'y a-t-il pas de principe plus solidement maintenu, depuis quatre-vingts ans, dans notre droit public que celui que nous défendons.

En 1865, sous l'Empire, — car on parle de l'Empire, on parle de la période qui a suivi 1850, et l'on croit y trouver des arguments, — si vous vouliez vous reporter à cette grande discussion qui a eu lieu dans cette même enceinte, dans le Sénat impérial de 1865, à propos de l'adresse et du paragraphe de l'adresse qui avait trait à l'encyclique et aux affaires de Rome vous y verriez que M. Bonjean, que M. Rouland, que tous les hommes qui avaient le droit de parler au nom du Gouvernement, que tous les légistes autorisés de cette époque ont profité de l'occasion pour rappeler que la législation qui remonte à 1790, qui passe par le décret de Messidor, qui se continue par les lois de 1817 et de 1825, que cette législation prohibitive des congrégations non autorisées avait toujours été maintenue, et avec un caractère d'exclusion particulière pour l'une d'entre elles : la compagnie de Jésus. Ils l'ont rappelé, ils l'ont affirmé avec l'autorité qui appartenait aux hommes dont je viens de citer les noms.

On ne connaît pas cette partie de l'histoire du gouvernement impérial. On croit qu'il a toujours laissé faire et regardé faire la compagnie de Jésus ou les congrégations non autorisées. Or, en 1861, — j'affirme le fait en le précisant, — le gouvernement impérial a dissous dans le département du Nord la congrégation non autorisée des capucins d'Hazebrouck en vertu du décret de Messidor.

M. Paris. Ils étaient Belges !

M. le ministre. Il a dissous aussi — étaient-ils Belges aussi? — les rédemptoristes de Douai, d'Arras et de Boulogne. Quant à moi, j'admets qu'il y eût des Belges dans ces congrégations, mais j'ai peine à croire que tout le personnel fût belge! Ces congrégations avaient leur siège en France, et c'est en vertu du décret de Messidor an XII et non en vertu des lois relatives aux étrangers que ces congrégations ont été dissoutes.

L'Empire a eu sa politique vis-à-vis des jésuites, et cette politique n'est pas tout à fait celle qu'on lui attribue généralement; vous apprendrez, peut-être avec quelque surprise, que le premier en date des ministres de l'instruction publique sous le gouvernement impérial, M. Fortoul, était peu favorable à la célèbre compagnie.

J'ai là, dans mon dossier, — j'ai dû naturellement chercher dans les archives du ministère tout ce qui pouvait éclairer l'histoire des associations dont il s'agit, — j'ai là, dis-je, une lettre curieuse de M. Fortoul, en 1852, adressée à l'un des préfets de l'Empire, qui voulait installer les jésuites dans le collège de la ville de Dôle. — « A quoi pensez-vous? lui répond le ministre de l'instruction publique. » — Peut-être si l'honorable préfet d'alors, qui, je crois, appartient au Sénat, était présent à cette séance, ses souvenirs pourraient être réveillés à cet égard.

Quoi qu'il en soit, M Fortoul malmène le préfet qui voulait installer les jésuites à Dôle, et il lui dit dans une lettre que j'ai là :

« N'oubliez jamais, mon cher ami, que la loi de 1850 a été faite par le parti légitimiste et pour le parti légitimiste seul, et ne mettez pas les jésuites à Dôle ! » (Rires approbatifs à gauche)

Un peu plus tard, le gouvernement impérial eut l'occasion de faire appliquer ces lois que vous prétendez avoir été suspendues par la Constitution de 1848 et par la loi de 1850; il le fit dans l'affaire du collège Saint-Michel, collège de jésuites établi près de Saint-Etienne, à l'occasion d'un bien petit incident.

Un buste de Napoléon III avait été l'objet de la risée et des jeux des élèves ; ils l'avaient mis en pièces et s'en étaient égayés sous les yeux mêmes des directeurs de l'établissement. De là, grande irritation aux Tuileries, enquête et fermeture de l'établissement, en vertu de ce principe, qui était dès lors celui du gouvernement impérial, à savoir qu'un établissement appartenant à une congrégation non autorisée n'avait pas le droit d'exister.

Et si nous écrivions ici l'histoire dans tous ses détails, je vous mettrais sous les yeux, messieurs, la très curieuse correspondance qui, à ce moment, s'échangea entre le général de l'ordre, le père Beckx, le père Ravignan et le gouvernement impérial. La congrégation s'était vue rien moins qu'à la veille de l'expulsion ; aussi se mit-elle aux genoux du gouvernement impérial en l'assurant de sa reconnaissance, de son concours le plus fidèle et de son absolue soumission. C'est ainsi que la paix fut faite. (Rires approbatifs à gauche.)

Voix diverses. Lisez ! Lisez !

M. le baron de Ravignan. Je demande la parole.

M le président. Monsieur de Ravignan vous n'avez pas la parole ; elle appartient à M. le ministre.

M. le ministre de l'instruction publique. Monsieur de Ravignan, pour préciser, je répète que la lettre est du père Beckx et qu'une démarche analogue a été faite par le père de Ravignan.

M. le vicomte de Renneville. Lisez la lettre !

Un sénateur a droite. Vous avez parlé de deux lettres !

M. le ministre. Messieurs je vous communiquerai la lettre du père Beckx demain. Je l'ai là,mais je ne veux pas perdre mon temps à la chercher. (Exclamations à droite.)

M Testelin, s'adressant au ministre. Ces messieurs savent bien que ces interruptions vont épuiser votre voix. Menez la discussion comme vous l'entendez ; ce n'est pas à eux qu'appartient la police de l'assemblée.

M. le président. Messieurs, je vous en prie, laissez parler M. le ministre.

M. le ministre. Voulez-vous une preuve nouvelle que le gouvernement impérial avait, sur les lois dont nous démontrons ici, je crois, la valeur, l'existence et la perpétuité, l'opinion professée par tous les gouvernements antérieurs ?

A partir de 1859, — et cette règle fut suivie jusqu'en 1870, — il y eut un principe posé dans le conseil des ministres, une règle solennellement proclamée, c'est qu'aucun nouveau collège de jésuites ne pourrait s'établir en France ; et, en effet, il ne s'en est pas établi un seul ; j'ai là tout le dossier de l'affaire du Mans, qui a donné lieu à des négociations sans nombre, qui a été reprise sous tous les ministères, aussi bien sous le ministère de M. Baroche que sous le ministère de M. Duruy, aussi bien sous le ministère de M. Segris que sous le ministère de M. Bourbeau.

Jusqu'au 28 mars 1870, — c'est la date de la lettre de M. Segris, — la décision du conseil des ministres qui interdisait aux jésuites de fonder en France aucun établissement nouveau a été maintenue et exactement observée.

Sous le régime de la loi de 1850, et à des déclarations faites par des pères jésuites, se présentant comme simples prêtres, demandant à user du droit commun, il a été opposé constamment, impitoyablement cette raison : qu'étant jésuites, appartenant à des congrégations non reconnues, le droit commun n'était pas pour eux. Cette pratique a été suivie sans interruption de 1859 à 1870.

Un sénateur a droite. Citez vos autorités.

M. le ministre de l'instruction publique. Je vous cite des lettres de M. Baroche, des instructions de M. Duruy, une lettre de M. Bourbeau. Tous ces documents concordent.

M. Vétillard. Mais le collège du Mans a été fondé en 1870.

M. le ministre. Il a fallu la chute du gouvernement impérial pour que le collège du Mans pût se fonder en 1870 et que la déclaration fût reçue.

M. Vétillard. Mais il existait auparavant.

Voix a gauche. C'est insupportable ! N'interrompez pas !

M. le ministre. Pas du tout ; il n'existait pas.

Puisque je cherche à éclairer cette partie de notre histoire, permettez-moi de mettre sous vos yeux quelques extraits d'un document tout à fait inédit qui appartient également aux archives de mon ministère : c'est le procès-verbal d'une communication adressée à titre confidentiel au conseil impérial de l'instruction publique par M. Duruy, à propos d'un projet de loi sur la liberté de l'enseignement supérieur.

Messieurs, je suis grand partisan de la liberté de l'enseignement supérieur... (Exclamations ironiques à droite.)

Une voix a droite. Ah! oui, vous en donnez des preuves.

M. le ministre. Mais la citation que je veux vous faire tend à vous montrer qu'on peut se défier de cette liberté, en redouter, en signaler même les périls, sans cesser pour cela d'être un croyant très sincère, un chrétien fervent et un bon catholique. (Oh ! oh ! à droite.)

A cette communication tout à fait intime, assistait avec M. Troplong, avec M. Vuitry, un homme éminent, un grand citoyen, un martyr, M. Bonjean. (Mouvement.) M. Bonjean fait connaître son opinion sur le projet relatif à la liberté de l'enseignement supérieur, et voici comment il s'exprime...

M. de Gavardie. Connaissez-vous ses dernières paroles ? (Exclamations à gauche.)

M. le président. Monsieur de Gavardie il n'est pas possible que je tolère plus longtemps ces interruptions.

M. de Gavardie. Je demande la parole pour un rappel au règlement.

M. LE PRÉSIDENT. Vous n'avez pas la parole, et si vous continuez à interrompre, je serai obligé de vous rappeler une troisième fois à l'ordre, et vous en connaissez les conséquences.

M. DE GAVARDIE prononce quelques paroles au milieu du bruit.

M. LE PRÉSIDENT. Je vous rappelle à l'ordre pour la troisième fois.

M. LE MINISTRE. Messieurs, cet homme illustre, ce grand chrétien, disait de la loi de 1850 des choses que je n'oserais pas dire, si elles n'étaient pas couvertes d'une aussi haute autorité.

Je lis le procès-verbal :

« M. BONJEAN. Je me crois très libéral ; mais je fais une exception pour l'enseignement. Quels sont les résultats de cette fatale loi de 1850, quel usage en a-t-on fait ? On s'en est servi pour démolir l'Université et la société moderne. »

M. LASERVE ET PLUSIEURS SÉNATEURS A GAUCHE. Très bien !

M. LE MINISTRE CONTINUANT A LIRE :

« Cet exemple me suffit. Encore si l'État s'était réservé un droit de surveillance : le mot y est bien quelque part ; mais la chose? chacun sait de quelle manière dérisoire elle a été entendue et pratiquée. » (Vive approbation à gauche.)

« LE MINISTRE. Nos inspecteurs se font représenter les cahiers des élèves et ils les interrogent.

« M. BONJEAN. M. le ministre sait bien que dans la plupart des cas on ne demande pas les cahiers, on ne demande rien. On n'ose pas. Ces prétendues inscriptions n'offrent aucune garantie et, en agissant comme on le fait, on n'abandonne pas un droit, on déserte un devoir, le devoir de diriger la jeunesse. Pour quiconque sait voir, le partage de notre jeunesse en deux courants est déjà suffisamment accusé ; que sera-ce avec cette nouvelle liberté que l'on réclame? la séparation sera faite et parfaite.

« Nous avons trois degrés d'instruction. Dans le primaire, les inconvénients de la liberté ne sont pas irréparables : les enfants sortent de là à dix ou onze ans pour rentrer dans le courant ; ils ont tout le temps de se dégager. Dans le secondaire, les influences sont plus dangereuses, mais ici encore elles peuvent s'atténuer. Dans les facultés de droit ou de médecine, si vous persistez dans votre projet, vous livrez l'enseignement aux jésuites sans plus, et nous aurons décidément deux sociétés dans la nation. Je me prononce donc pour le rejet. » (Applaudissements sur les mêmes bancs.)

M. LE MINISTRE. Et un autre membre de la commission, que vous ne taxerez pas non plus d'incrédulité, M. Troplong disait :

« Par ce qui se fait, prévoyez au moins ce qui se fera. On prêche la prééminence du mariage religieux sur le mariage civil ; on prêche contre le droit de tester, etc... Pensez-vous que l'on ne s'emparera pas de la liberté pour agir contre nos lois. »

« LE MINISTRE. La loi de 1850 est là. »

« M. Bonjean. Le premier gouvernement qui aura la main assez ferme la supprimera. » (Vifs applaudissements à gauche. — Rires ironiques à droite.)

M. le ministre. Messieurs, c'est une page d'histoire que je mets sous vos yeux ; je ne m'approprie pas les doctrines.

M. Tailhand. C'est la première fois qu'on cite à la tribune des documents confidentiels.

M. le ministre. Et où donc est le mal de communiquer au Sénat les impressions de nos devanciers? Et quel crime ai-je commis en vous faisant connaître les opinions de M. Bonjean?

M. de Gavardie. Il les a désavouées au moment de sa mort et vous le savez bien ! (Rumeurs à gauche [1].)

M. le rapporteur prononce quelques paroles qui ne parviennent pas jusqu'au bureau. (Agitation.)

A gauche N'interrompez pas, vous répondrez.

M. le président. Vous n'avez pas la parole, monsieur Jules Simon.

M. le rapporteur. Nous n'avons pas entendu les derniers mots de M. le ministre et nous le prions de répéter les derniers mots de la citation de M. Bonjean.

1. Lettre des fils de M. Bonjean adressée le 7 mars à plusieurs journaux :

« Monsieur le rédacteur en chef,

« Sans vouloir aucunement entrer dans le fond du débat actuellement soumis aux délibérations du Sénat, nous considérons comme un devoir filial de protester de toute notre énergie contre une allégation erronée qui s'est produite hier au courant de ce débat, et selon laquelle le président Bonjean, notre père, aurait retracté, à l'heure de sa mort, les opinions soutenues par lui pendant sa vie sur ces matières.

« La correspondance intime du président Bonjean, qui s'est continuée avec sa famille, jusqu'à la veille de sa mort, aussi bien que le témoignage direct de plusieurs ecclésiastiques qui partagèrent sa captivité sans partager son supplice, nous ont acquis la certitude que notre père était mort, comme il avait vécu, fidèle aux grands principes de l'*Eglise gallicane*, tels qu'ils ont été affirmés par Bossuet et défendus jusqu'à nos jours par les prélats français les plus éminents, et notamment Mgr Darboy.

« Et quand on considère aujourd'hui le terrain perdu par l'Église, on peut se demander si ces grands chrétiens n'étaient pas ceux qui comprenaient le mieux les véritables intérêts de la religion.

« Veuillez agréer, monsieur le rédacteur en chef, l'expression de notre considération la plus distinguée.

Georges Bonjean.
Maurice Bonjean.
Jules Bonjean.

(*Note de l'éditeur*).

M. LE MINISTRE. M. Troplong avait dit ceci : « Par ce qui se fait, prévoyez ce qui se fera. On prêche la prééminence du mariage religieux ; on prêche contre le droit de tester, etc. Pensez-vous que l'on ne s'emparera pas de la liberté pour agir contre nos lois ? » Le ministre, M. Duruy, avait répondu que la loi de 1850 était là, et M. Bonjean laissa échapper cette boutade : « Le premier gouvernement qui aura la main assez ferme la supprimera ». (Nouveaux applaudissements à gauche. — Bruit à droite.)

M. GALLONI D'ISTRIA prononce quelques paroles qui ne parviennent pas jusqu'au bureau.

M. LE PRÉSIDENT. Laissez M. le ministre continuer, messieurs.

M. LE MINISTRE. Messieurs, toute cette revue historique, qui a certainement son intérêt, se résume, je crois, dans cette proposition : les congrégations non reconnues, et particulièrement la compagnie de Jésus, sont, dans le système de nos lois et au milieu de notre société, en état de perpétuelle et imprescriptible contravention. (Parfaitement ! c'est très vrai ! à gauche.)

De cet état de contravention est sortie — et cela n'est pas d'hier, — la disposition qui vous est présentée par l'article 7. Nos devanciers de 1828 avaient déjà tiré cette conséquence du même principe. Elle se présentait si naturellement à leurs esprits que, voulant donner force et vigueur à cette prohibition des congrégations non reconnues, ils avaient introduit dans l'ordonnance de 1828 la disposition que vous savez. Ce sont là, messieurs, des antécédents considérables. Si vous vous êtes reportés à la discussion qui eut lieu à la Chambre des pairs en 1844 sur les origines et sur l'histoire de cette ordonnance de 1828, vous avez pu voir quelle importance ce fait avait eue dans l'histoire de notre droit public, quel était le caractère de la mesure, à quel point elle était réclamée par l'opinion, et, chose remarquable, comme elle fut facilement accordée par le roi Charles X. Il y eut, à ce sujet, devant la Chambre des pairs, des débats rétrospectifs de la plus haute autorité et du plus grand intérêt entre MM. Portalis, le comte Beugnot et de Montalembert.

Je ne veux pas toucher à cette partie des origines de l'article 7. J'entends, en effet, votre objection ; elle a déjà été faite : ces antécédents là ne nous concernent pas. Ils datent d'avant la liberté de l'enseignement. La liberté de l'enseignement est apparue avec la charte de 1830 Tous les précédents antérieurs à cette époque sont sans valeur, sans autorité.

J'accepte la proposition.

Eh bien, messieurs, je vais y répondre par des documents certains, inédits aussi, mais extrêmement précieux à mon sens. Au lendemain de 1830, dans la première éclosion du libéralisme, dans la première ferveur de la liberté de l'enseignement, on formait une commission composée de libéraux authentiques, signalés, éminents, chargée de discuter un projet de loi sur la liberté de l'enseignement secondaire. Dès 1831, le gouvernement préparait un projet de loi constituant une liberté de l'enseignement secondaire plus étendue que le projet de 1844, plus étendue par certains côtés que la loi de 1850 ; car on allait jusqu'à ne pas exiger le brevet de capacité.

Cette commission, messieurs, fut instituée par ordonnance royale le 3 février 1831 ; elle se composait des hommes dont voici les noms, que nous saluerons au passage : M. Daunou, député ; M. de Vatimesnil, député ; M. Cuvier, conseiller d'État et membre du Conseil supérieur de l'instruction publique ; M. Cassini, conseiller à la cour de cassation ; M. Thénard, député, doyen de la faculté des sciences de Paris ; M. Villemain, professeur d'éloquence à la faculté des lettres de Paris ; M. Dubois, doyen de la faculté de médecine de Paris ; M. le le docteur Broussais ; M. Francœur, professeur à la faculté des sciences de Paris ; M. Charles de Rémusat, député ; M. Dubois, inspecteur général des études, et le maître, si je ne me trompe, de notre éminent collègue, M. Jules Simon.

M. Jules Simon, rapporteur. En effet.

M. le ministre. Cette commission étudia avec une conscience admirable, et une résolution libérale qui ne s'est pas démentie un seul instant, toute la matière de la liberté de l'enseignement ; et néanmoins elle jugea nécessaire, après un débat très sérieux, de maintenir, ou plutôt d'introduire, dans la loi libérale qu'elle faisait, l'interdiction de l'enseignement pour les congrégations religieuses non reconnues.

C'est dans la séance du 6 mai qu'eut lieu une discussion dont je voudrais mettre quelques extraits sous vos yeux. (Lisez ! à gauche.)

Cette fois, M. Barthe, qui avait institué la commission, venait d'être remplacé par un membre que le Sénat a récemment perdu et qui a laissé des regrets sur tous les bancs de cette Assemblée, M. le comte de Montalivet, alors ministre de l'intérieur, qui dirigea la discussion :

« Quant à lui, dit-il, il estime que c'est une question purement politique que celle de l'exclusion des congrégations non reconnues, une question qu'il est permis de résoudre suivant l'intérêt de la société. »

M. Paul Dubois, au contraire, est un partisan de la liberté absolue. Il représente la thèse qui sera si éloquemment soutenue à cette tribune par l'honorable M. Jules Simon.

« Vous n'avez pas besoin, disait M. Dubois, vous n'avez pas le droit de savoir si c'est un congréganiste qui se présente pour enseigner. »

Mais, messieurs, sa doctrine ne prévaut pas. Veuillez entendre de quelle haute et forte voix M. Cuvier répond : « Pour tout ce qui tient à la pratique, il ne faut pas se jeter dans les questions abstraites. — Il n'y a qu'une seule congrégation religieuse possible, celle des jésuites. Leur société, fondée en 1535, était déjà maîtresse du monde au bout d'un siècle, en 1635. On n'a qu'à lire le livre intitulé : *Imago primi sæculi*. Il se forma à la même époque plusieurs sociétés qui avaient le même but, la défense de la religion catholique ; tels étaient les barnabites, les théatins, etc... toutes ces sociétés sont restées faibles parce qu'elles n'avaient pas la règle des jésuites, d'arriver à leur but *per fas et nefas.* » (Exclamations à droite. — C'est vrai ! à gauche.)

M. LE MINISTRE CONTINUANT A LIRE. « Il faut connaître leur législation vigoureuse et la puissance de cet instrument. Leur laisser la liberté... »

... C'est M. Cuvier qui parle, messieurs !

M. CHESNELONG. Il était protestant ! (Rires à gauche.)

M. LE MINISTRE DE L'INSTRUCTION PUBLIQUE. « ... leur laisser la liberté, c'est comme si on laissait la liberté des canons contre les passants. Grimm dit quelque part : « Oui, mes amis, réclamez à grands cris la tolérance jusqu'à ce que vous soyez les maîtres... » De même la société des jésuites demande la liberté : son but avoué est de soumettre tout au joug de l'autorité, ce qui est du domaine de l'esprit, comme ce qui est du domaine de la politique. Pour arriver à son but et assujettir l'espèce humaine, elle se permet tous les moyens, la séduction des enfants, la confession des princes et l'assassinat... » (Bruyantes protestations à droite.)

A GAUCHE. Oui ! oui ! — Et Jean Châtel ?

M. LE PRÉSIDENT. Laissez M. le ministre poursuivre sa lecture, messieurs.

A DROITE. Nous devons protester !

M. LE PRÉSIDENT. Vous n'avez pas le droit de protester contre un document lu à la tribune.

M. DELSOL. Comment le contrôler ?

A GAUCHE. Laissez donc parler M. Cuvier !

M. TESTELIN. Il a fait là l'histoire naturelle de la société de Jésus !

M. LE MINISTRE. « Tout ceci est indépendant du caractère moral des individus. Le système d'éducation des jésuites est tel, que la plupart des membres étaient attachés d'honneur et de conscience à ce système abominable ; ils se persuadaient que c'étaient là les moyens les plus sûrs de conduire les hommes à la vertu et au bonheur. Quand une société est constituée ainsi, quand le chef qui la dirige vers ce but avoué et la conduit par des ressorts irrésistibles, n'est nullement dans la dépendance de l'État, n'est-ce pas un devoir de se préserver d'un pareil instrument de destruction ? Quarante ans après leur abolition, sous l'empereur, ils étaient déjà maîtres de la moitié de la jeunesse. Le 28 juillet a-t-il été fait contre autre chose que contre ce système d'abrutissement auquel ils prétendaient soumettre l'espèce humaine ? » (Bruit croissant à droite.)

« La chute des Bourbons a eu les mêmes causes que la catastrophe des Stuarts. Laissez entrer les jésuites, — à la troisième génération ils produisent des désordres, et il faudra encore une catastrophe pour s'en délivrer. Quant aux moyens de les empêcher, ils ne sont pas plus difficiles qu'en 1762. »

Mais, messieurs, je vous recommande particulièrement l'opinion de M. Daunou.

M. HENRY FOURNIER (Cher). Il faut nous communiquer ce document!

M. LE MINISTRE DE L'INSTRUCTION PUBLIQUE. Je vous le communiquerai, si vous doutez de son authenticité!

A GAUCHE. Ne répondez pas aux interruptions.

M. LE MINISTRE. Messieurs, c'est surtout l'opinion de M. Daunou que je voudrais vous faire connaître. M. Daunou a été très justement caractérisé par l'honorable M. Laboulaye comme un des pères de la liberté d'enseignement; c'est lui qui a introduit le mot et la chose dans la Constitution de l'an III. (Rumeurs à droite.)

M. BUFFET. C'était un ancien oratorien.

M. LE MINISTRE. Savez-vous ce qu'il a dit, ce grand libéral qui a soutenu dans cette commission les opinions les plus libérales? Voici son avis :

« Cette question tient tout à fait à la question générale de la liberté de conscience. C'est un droit purement individuel. Il y a des associations temporaires légitimes; celles-là même, l'Etat, lorsqu'il les juge dangereuses, peut les interdire. Mais les congrégations qui ont une durée perpétuelle forment une société dans la société; l'Etat se détruirait lui-même s'il les tolérait. L'horreur des jésuites est un sentiment national en France. »

M. ANCEL. C'est pour cela qu'ils ont plus de 20,000 élèves!

M. LE MINISTRE. « Les malheurs de la France ont dérivé de cette source, c'est à eux que la branche qui vient d'être exclue du trône doit sa chute. Les événements de juillet sont une victoire remportée sur eux ».

M. LE BARON DE LARGY. Mais ils n'y étaient plus!

M. LE PRÉSIDENT. Encore une fois, monsieur de Larcy, vous n'avez pas la parole. Si vous continuez, je vous rappellerai à l'ordre.

M. LE MINISTRE. « Il s'agit de savoir si le Gouvernement veut renoncer à cette victoire. On peut donc prononcer que l'enseignement privé est libre, mais que cette liberté n'appartient pas à des congrégations. On peut exiger de ceux qui veulent enseigner la déclaration qu'ils n'appartiennent pas à ces congrégations. On objecte qu'ils mentiront. C'est l'affaire des tribunaux. On a dit que le clergé français est ultramontain; il l'est devenu par les jésuites qui ont obtenu la révocation de l'édit de Nantes en 1685... (Exclamations ironiques à droite), et qui exercèrent tant d'influence sur les dernières années de Louis XIV. »

M. Cuvier intervient alors pour rappeler un souvenir personnel : « Voici ce que l'empereur a dit une fois en séance du conseil d'Etat :

— J'ai fait demander au pape si les pères de la Foi étaient des jésuites, et il m'a répondu que non... » (Interruptions à droite.)

M. Bocher. Cette citation est de M. de Vatimesnil!

M. le ministre. C'est Cuvier qui rapporte un propos tenu par l'empereur Napoléon au Conseil d'Etat :

« ... Il m'a répondu que non; j'ai fait saisir leurs papiers, j'ai trouvé les preuves du contraire. Comment voulez-vous croire à des gens qui se donnent mutuellement dispense pour mentir? » (Rires et applaudissements à gauche.)

M. Henry Fournier (Cher). C'est indigne! C'est le pape qui est outragé! (Bruit à gauche.)

M. le ministre. C'est alors, messieurs, que cette commission, des délibérations de laquelle sortit un projet de loi qu'on peut qualifier d'ultralibéral — il est plus libéral que tous les projets qui ont suivi, — inséra dans le projet de loi une résolution ainsi conçue :

« Les corporations religieuses non autorisées par les lois ne seront pas capables d'exercer les fonctions de l'enseignement.

« Tout instituteur libre devra faire la déclaration qu'il n'appartient à aucune congrégation religieuse non autorisée par la loi. »

M. Bocher. Et la loi de 1836!

M. le ministre. La loi de 1836 ne contenait pas, en effet, cette disposition; mais M. Villemain, s'expliquant sur ce point, disait qu'elle y était sous-entendue.

M. Bocher. Est-ce le projet de loi de M. Guizot?

A gauche. N'interrompez pas!

M. le président. Monsieur Bocher, veuillez laisser parler l'orateur.

M. le ministre. Du reste, la disposition sous-entendue ayant été introduite dans le projet de loi à la session de 1837 par un amendement de la Chambre des députés, subsista dès cette époque dans tous les projets de lois relatifs à la liberté d'enseignement présentés par le gouvernement de Juillet.

M. Bocher. Le projet de loi n'était pas présenté par M. Guizot.

M. Pelletan. Il a été défendu par lui, mais il a été proposé par M. de Broglie, qui valait bien M. Guizot.

M. le ministre. Si vous voulez que je vous cite les paroles textuelles de M. Guizot sur cette disposition, je vais le faire, il s'en est expliqué à cette tribune même, devant la Chambre des pairs, en 1844 :

« Le droit légal, il n'est pas contesté. L'article attaqué ne fait qu'appliquer la législation actuelle. Les congrégations qui ne sont pas spécialement autorisées par ces lois sont interdites. On adresse à tout homme qui veut entrer dans l'enseignement, qui veut devenir chef d'institution, cette simple question : Etes-vous ou n'êtes-vous pas membre d'une congrégation? Il répond « oui » ou « non ». Il n'y a pas là de persécution; on ne lui demande point de déclaration contraire à ses principes, on ne lui demande pas de signer un formulaire, un texte; il n'y a rien ici de semblable à tous ces cas avec lesquels on a essayé de trouver des analogies. On se borne à interroger une conscience sincère; elle répond oui ou non; et cette question, la loi nous ordonne de la lui adresser. non pas une loi que nous ayons faite, mais la loi qu'ont faite ou suivie tous les gouvernements de la France depuis cinquante ans, le gouvernement de la Restauration comme les autres, Charles X comme ses prédécesseurs. »

Et lorsque M. Villemain apporte à la Chambre des députés cette disposition défendue par M. Guizot lui-même, que dit-il?

« Autre chose, en effet, messieurs, est la force des individus; autre chose est celle des associations. Si l'Etat reconnaît à tout Français qui aura rempli certaines conditions la faculté de former un établissement d'instruction secondaire et de se substituer aux familles avec leur consentement, il est vrai, mais dans une proportion qui donne une sorte d'influence publique, cette même faculté ne saurait également appartenir aux membres d'une corporation que l'Etat n'aurait pas préalablement admise et autorisée. Ce n'est plus qu'une question de pouvoir, et l'autorité civile ne peut, sous prétexte de liberté en matière d'éducation, se dessaisir du droit général qu'elle a de ne laisser se former sans son aveu aucune association dans le royaume. » (Très bien! à gauche.)

Voulez-vous, messieurs, un autre témoignage que j'espère, on ne récusera pas de ce côté de l'Assemblée? (M. le ministre désigne la droite.)

Voulez-vous savoir comment parlait M. le duc de Broglie, rapporteur de la loi?

M. LE DUC DE BROGLIE. Il a voté, depuis, la loi de 1850!

M. LE MINISTRE. Je ne dis pas qu'il n'a pas voté la loi de 1850; mais vous me permettrez de faire grand cas d'une opinion que votre illustre père a exprimée quand il avait la responsabilité du pouvoir. (Applaudissements à droite.)

M. LE DUC DE BROGLIE. Dans l'intervalle, il y avait eu la révolution de 1848.

M. LE MINISTRE. J'ai vu quelque part dans une histoire de ce temps que M. le duc de Broglie, le père, avait passé légèrement sur cette question des congrégations, qu'il l'avait traitée à regret et avec dédain. Vous allez en juger :

« Comme on le voit, dit M. le duc de Broglie, l'obligation est générale, elle est sans exception; elle s'étend à tous les établissements existants, tant ceux qui dépendent de l'Université que ceux qui n'en dépendent pas. Cette ordonnance, rendue sous l'autorité d'un prince dont le zèle pour les intérêts de la religion n'était pas douteux, de l'avis d'un ministère pieux, éclairé, et qui comptait dans son sein un membre du corps épiscopal, n'a jamais été révoquée.

« Faut-il n'en plus tenir compte aujourd'hui? Faut-il dispenser désormais les établissements privésde l'obligation qu'elle impose?

« En d'autres termes, faut-il considérer comme nulles et non avenues les lois générales qui prohibent, en France, l'existence des congrégations d'hommes; les lois plus spéciales encore qui prohibent, en France, certaines congrégations dont les membres relèvent d'un supérieur étranger et ne sont, en tant que tels, citoyens d'aucun pays? Nous ne le croyons pas, messieurs. » (Très bien! très bien! à gauche.)

« Ces lois existent, ajoute M. le duc de Broglie, les tribunaux ont maintes et maintes fois reconnu qu'elles sont en pleine vigueur... »

M. LE DUC DE BROGLIE. C'est antérieur à 1848!

UN SÉNATEUR A GAUCHE. Ecoutez votre père!

M. LE MINISTRE. « La Chambre de pairs, dans une occasion solennelle, a prêté aux arrêts des tribunaux le concours puissant de son autorité.

« Si l'on considère ces lois comme contraires à l'esprit et à la lettre de la Charte, qu'on en demande directement l'abrogation par la loi constitutionnelle, qu'on s'adresse au roi, aux Chambres, au pays. Le pays fera connaître ses vœux, les pouvoirs publics prononceront; mais tant que ces lois existent, il faut qu'elles soient observées. Personne en France n'a qualité pour s'élever au-dessus des lois, pour les éluder, ni pour les enfreindre. » (Très bien à gauche.)

M. HENRY FOURNIER (Cher). Elles ont été changées!

M. LE MINISTRE. « Le moment est-il bien choisi d'ailleurs pour permettre à des corporations dont le gouvernement ne connaît, officiellement du moins, ni l'existence, ni le caractère, ni la règle, ni les statuts, ni les engagements, ni les desseins, pour permettre à ces corporations, disons-nous, de s'établir en France, publiquement, à ciel ouvert, d'y exercer le droit de cité, d'y former plusieurs Etats dans l'Etat, de s'associer à la lutte des partis, d'y revendiquer, de droit divin, l'éducation de la jeunesse? » (Bravos à gauche.)

« Dire, comme on le soutient dans un très grand nombre des pétitions qui nous sont parvenues, que la déclaration dont il s'agit est contraire aux préceptes de la religion catholique, qui commande aux âmes d'élite d'aspirer à la perfection absolue, de se consacrer à Dieu tout entières, de vivre dans le détachement des choses de ce monde, c'est déplacer la question. La déclaration dont il s'agit n'interdit la vie contemplative à personne; elle interdit les fonctions de l'enseignement aux hommes qui sont, par choix, engagés dans ses liens et soumis à des obligations que l'Etat ne connaît pas. (Très bien! à gauche.) Dire que cette déclaration serait une atteinte portée aux droits de la conscience, une violation du sanctuaire de la conscience, c'est se méprendre étrangement. Cette déclaration ne portera ni sur des principes, ni sur des sentiments, ni sur des doctrines; cette déclaration n'est point et ne sera point un formulaire à signer. Etes-vous ou n'êtes-vous pas membre d'une corporation non autorisée? Quel est l'homme consciencieux qui peut trouver cette question embarrassante? » (Nouvelle approbation sur les mêmes bancs.)

M. Henry Fournier (Cher). En 1848, la législation a changé.

M. le baron de Lareinty. Respectez la loi aujourd'hui comme on la respectait alors.

M. le duc de Broglie. On respectait la loi alors, voilà tout. — Respectez-la maintenant!

M. le ministre. Cet exposé des autorités du passé, derrière lesquelles les auteurs de l'article 7 ont le droit, je pense, de s'abriter, ne serait pas complet si je ne vous lisais enfin quelques mots du rapport de M. Thiers sur la même question :

« Mais il y a d'autres raisons encore et non moins puissantes : les lois du pays. Ces lois ont prononcé ; elles ont exclu certaines congrégations ; il faut obéir à leur commandement. On peut ne pas poursuivre les individus, ne pas chercher s'ils sont assemblés sur le territoire de façon à faire supposer qu'ils existent en congrégation ; *mais on a bien le droit de les arrêter quand ils se présentent pour exercer certaines fonctions*, on a bien le droit de leur demander ce qu'ils sont, s'ils appartiennent à des ordres religieux défendus par nos lois ; et, dans ce cas, leur interdire les fonctions qu'ils voulaient exercer, c'est assurément la moindre des exigences. »

Et il ajoute cette considération que je vous recommande, messieurs, et qui répond à bien des objections qui se sont déjà produites :

« Quant aux scrupules de certains catholiques, exprimés dans le sein de la commission par l'un de ses membres, M. de Carné, et qui consistent à dire que les congrégations sont de l'essence du christianisme, que c'est attaquer la foi que de les proscrire, nous répondons que le saint-siège d'abord n'a pas raisonné ainsi, car il n'a jamais fait de leur suppression un sujet de contestation avec la France ; que les congrégations ne se sont développées dans l'Eglise qu'avec la suite des temps, et que si les congrégations ayant pour objet de procurer à des âmes fatiguées du monde le repos de la retraite religieuse peuvent être regardées comme tout à fait inhérentes à la religion catholique, celles qui ont été créées dans les temps modernes, les unes pour enseigner, d'autres pour des intérêts presque temporels, pour se mêler au monde loin de s'en éloigner, comme les jésuites, par exemple, n'ont ni le même caractère, ni le même droit à être assimilés au christianisme ; qu'il ne s'agit pas de toutes les congrégations, mais de quelques-unes, d'une en particulier, qu'on peut désigner, puisque son nom est dans toutes les bouches, celle des jésuites ; qu'il serait étrange de dire que les jésuites sont de l'essence du christianisme, et que nos lois ayant prononcé, depuis la Révolution, il n'y a ni opportunité ni fondement à élever une telle objection.

« Nous ajouterons, pour ce qui concerne les jésuites, que nous

2.

ne sommes pas animés à leur égard d'un petit esprit de calomnie et de persécution, mais que leurs maximes morales, leurs doctrines sur la puissance spirituelle et temporelle, leur vie agitée, les souvenirs qu'ils rappellent, tout cela suffit pour que des législateurs prudents les écartent de l'enseignement. Il nous faut des docteurs moins contestés pour leur confier la jeunesse. (Interruptions à droite.) Et puis, on n'exigera pas apparemment que le rappel des jésuites soit prononcé, en 1844, par la Chambre des députés, et ce serait leur rappel assurément que de leur faire rouvrir aujourd'hui en France la carrière de l'enseignement. » (Applaudissements à gauche.)

M. LE BARON DE LARCY. C'est la gloire de la République de 1848 de les avoir rappelés !

M. LE MINISTRE. Messieurs, de toute cette histoire, des antécédents et des origines de la disposition que nous avons l'honneur de vous soumettre, il faut, je crois, en déduire deux choses :

La première, c'est que ce n'est pas, comme on le dit volontiers, une si étrange incohérence, une si parfaite extravagance de la part des auteurs du projet de loi que d'avoir mêlé une question de congrégations à une question d'enseignement. (Approbation à gauche.) Pour répondre à ce reproche, je me place derrière les grandes mémoires des hommes dont je vous citais tout à l'heure les belles et fortes paroles.

Il en ressort, en second lieu, qu'on peut être des libéraux, des amis de la liberté d'enseignement, passionnés et fidèles comme M. Daunou, par exemple, et, quand on donne la liberté à tout le monde, la refuser pourtant aux jésuites. (Très bien ! à gauche.)

J'estime que c'est là qu'aboutissent les enseignements historiques que je viens de faire passer sous vos yeux.

Mais cette condamnation, — et c'est ici que je rencontre le dernier grief de M. Buffet, — cette condamnation que nous prononçons après tant d'autres gouvernements contre la société de Jésus, cette condamnation est-elle méritée? — Non, dit M. Buffet, rien ne la justifie; il n'y a dans le dossier des jésuites aucun document probant.

Leur enseignement goûté des familles, de beaucoup de familles chrétiennes, n'est sujet à aucun reproche, il ne porte aucune atteinte à la Constitution, ni aux lois, car, ajoute-t-il, les congréganistes, jésuites compris, sont en général fort indifférents en matière politique : ce sont des patriotes, ils ne forment que des patriotes...

Messieurs, je me reprocherais de dire une parole qui pût laisser croire à l'homme le plus malintentionné que j'ai la pensée de contester en quoi que ce soit le respect qui est dû aux marques nombreuses et éclatantes de patriotisme qui ont été données dans la dernière guerre par les catholiques, par les maîtres aussi bien que par les élèves des jésuites.

M. LE BARON DE LARCY. Cela suffit.

M. LE MINISTRE. J'ai vu ces choses de près ; j'ai vu, moi aussi, les congréganistes brancardiers parcourir les champs de bataille et exposer leur poitrine avec une simplicité héroïque.

M. PARIS. Ce sont les frères que chasse M. Hérold !

M. LE MINISTRE. J'ai eu l'occasion d'honorer, j'oserai presque dire de célébrer, si le mot n'était ambitieux, la mémoire de l'une de ces glorieuses victimes, — et j'en suis fier !

L'honorable M. Buffet faisait remarquer, hier, en arrivant à cette partie de son discours, qu'il allait probablement susciter, de ce côté de l'Assemblée, en rendant hommage à ces exemples de patriotisme, un mouvement tel que celui qui se produit toujours, disait-il, en pareille circonstance, dans les assemblées républicaines, et il se demandait comment ce mouvement indéfini, et en quelque sorte instinctif, pouvait s'expliquer.

Je me permets de lui en donner l'explication. Ce mouvement veut dire que, lorsque l'on parle de ces événements de 1870, il ne faut faire pour aucun parti, pour aucune foi, pour aucune classe de la nation, un monopole du patriotisme ! (Applaudissements à gauche.)

M. BUFFET. Je suis parfaitement de votre avis. Je n'ai revendiqué le patriotisme pour aucun parti ; mais quand des hommes sont accusés de manquer de patriotisme, je suis autorisé à vous dire qu'ils ont donné les plus admirables exemples de patriotisme.

UN SÉNATEUR A GAUCHE. Comme tout le monde !

M. LE MINISTRE. Personne ici n'accuse ni les élèves de la compagnie de Jésus, ni les maîtres ; ni les congréganistes autorisés, ni ceux qui ne sont pas autorisés, d'avoir manqué de patriotisme dans la guerre de 1870.

UN SÉNATEUR A DROITE. Donc il n'y a pas deux Frances !

M. LE MINISTRE. J'avais l'honneur de dire tout le contraire au Sénat et de lui faire remarquer que tout le monde avait fait son devoir. Assurément, et vous avez le droit d'en être très fiers, le sang patricien ne s'est pas ménagé, mais le sang plébéien a coulé, lui aussi, à longs flots sur les champs de bataille. (Applaudissements à gauche.)

M. LE COMTE DES BASSAYNS DE RICHEMONT. Alors il ne faut demander de proscriptions pour personne.

M. LE MINISTRE. Et si nous avons vu et honoré les brancardiers congréganistes, nous avons vu et nous avons dirigé nos propres instituteurs transformés en brancardiers, eux aussi...

M. BOCHER. Personne ne les a attaqués.

M. LE MINISTRE... et ils ont été héroïques, eux aussi. Et celui qui était leur chef a bien fait de monter hier à la tribune pour faire observer qu'il fallait peut-être, quand on rappelle ces lugubres et glorieux souvenirs, avoir une mesure égale pour les uns et pour les autres. (Vifs applaudissements à gauche.)

M. LE COMTE DE TRÉVENEUC. On se rappelle la bravoure de votre sous-secrétaire d'Etat.

M. Buffet. Je n'ai parlé que de ceux qui étaient accusés.

M. le ministre. Et que si l'esprit de sacrifice existe chez les maîtres congréganistes...

MM. le baron de Ravignan et Chesnelong. C'est pour cela que vous les chassez !

M. le ministre... comme chez les universitaires, les congréganistes ont au moins cet avantage de trouver des louanges toujours prêtes, tandis que l'esprit de sacrifice dans l'Université...

M. le baron de Larcy. On ne les loue pas, on les défend !

A gauche : A l'ordre !

M. le président. Monsieur de Larcy, si vous persistez à interrompre, je vous rappellerai à l'ordre. Malgré tout le respect que j'ai pour vous, je ne puis admettre que vous interrompiez continuellement !

M. Demole. Cela est révoltant à la fin ! c'est un parti pris que ces interruptions !

M. le ministre. Célébrez, messieurs, l'esprit de sacrifice et de dévouement dont les maîtres congréganistes donnent le spectacle, mais n'oubliez pas que les maîtres qui appartiennent à l'Université...

Voix a droite. Nous ne l'avons pas oublié !

M. le ministre... ont pratiqué eux aussi le dévouement et le sacrifice...

M. le baron de Larsinty. Vous feriez croire que nous l'avons oublié. Ce n'est pas exact, personne de nous ne l'a oublié. (Vives protestations à gauche).

M. le ministre... que leur vie est une vie de labeur...

M. Hervé de Saisy. Et cependant vous déchaînez sur les uns la proscription au lieu de respecter pour tous les droits de la liberté ! Est-ce là de la justice ?

M. le ministre... que leur vie est une vie de labeurs modestes, obscurs, sans gloire et sans emphase, et que, comme je l'ai dit dans une autre enceinte, ils n'ont pas fait vœu de pauvreté, mais ils la pratiquent. (Applaudissements répétés à gauche.)

M. le baron Le Guay. Pourquoi la gauche n'applaudissait-elle pas hier aux paroles de M. Jules Simon ? c'est la droite seule qui a applaudi !

M. le ministre. Messieurs, il n'est point question dans le procès que nous faisons à la société de Jesus au point de vue de son enseignement, il n'est point question de patriotisme, et vous ne ferez pas dévier le débat en le portant sur ce terrain brûlant ; il est question d'autre chose ; il est question de savoir si leur enseignement est conforme à la Constitution et aux lois, s'ils forment des citoyens amis de leur pays, des institutions libérales que ce pays s'est données. C'est la question que nous allons examiner.

MM. CHESNELONG ET LE VICOMTE DE LORGERIL prononcent quelques paroles qui ne parviennent pas au bureau. (Bruit à gauche.)

M. DEMOLE. Vous ne voulez donc pas que le ministre parle ? Vraiment c'est un parti pris.

M. LE PRÉSIDENT. Ecoutez, messieurs, vous répondrez, mais n'interrompez pas !

M. LE MINISTRE. Il s'agit de savoir si la jeunesse confiée aux mains des jésuites reçoit dans leurs établissements un enseignement véritablement national. (Approbation à gauche. — Bruit à droite.)

Eh bien, j'affirme que cet enseignement a des tendances politiques très accusées et que ces tendances sont de telle nature...

M. LE VICOMTE DE RAINNEVILLE. Prouvez-le !

M. DUPOUY. Attendez !

M. LENOEL ET PLUSIEURS SÉNATEURS A GAUCHE A M. LE MINISTRE. Reposez-vous !

M. LE PRÉSIDENT. M. le ministre demande quelques minutes de repos.

(La séance est suspendue pendant cinq minutes ; puis, remise au lendemain.)

SÉANCE DU 6 MARS 1880

M. JULES FERRY, MINISTRE DE L'INSTRUCTION PUBLIQUE ET DES BEAUX-ARTS.

Messieurs, avant de reprendre le cours de ma discussion, j'ai le devoir de faire connaître au Sénat un certain nombre de documents que j'avais cru pouvoir écarter pour ne pas charger ce débat d'un trop grand nombre de lectures, mais qui ont leur importance.

C'est d'abord la lettre du père général des jésuites, adressée à Napoléon III à la suite de l'incident dont j'ai entretenu hier le Sénat, la fermeture du collège de Saint-Michel à Montaud, près de Saint-Etienne.

On m'a demandé de lire ces documents, ils étaient dans mon dossier; si j'avais été plus adroit, j'aurais pu sur l'heure en donner connaissance au Sénat. Les voici, messieurs :

J'ai dit que le général de la compagnie de Jésus avait fait, à cette occasion, un acte de soumission absolue vis-à-vis du gouvernement impérial. Le 29 décembre 1853, le collège des jésuites de Montaud avait été fermé. Une décision gracieuse, intervenue après trois mois de négociations, l'avait rouvert au mois d'avril; le père Beckx, général de la compagnie, écrivait à l'empereur la lettre suivante, datée de Rome, le 29 avril 1854 :

« Sire,

« Je viens déposer aux pieds de Votre Majesté l'hommage de la reconnaissance la plus juste et la mieux sentie.

« Le décret du 29 décembre dernier nous avait causé une vive peine. Mais la réponse de Votre Majesté à la députation du commerce de Saint-Etienne, et ensuite l'annonce officielle de la réouverture du collège de Montaud, ont fait succéder la joie à la tristesse.

« Je me sens d'autant plus obligé d'exprimer à Votre Majesté, au nom de la compagnie de Jésus, les sentiments de la plus vive reconnaissance, que c'est à votre gouvernement, sire, que nous devons la liberté d'enseignement, qui depuis si longtemps nous était refusée dans ce vaste empire.

« Et ce n'est pas seulement en France, sire, que nous recevons des gages de votre bienveillance. Dans les pays les plus lointains, en

Chine et à Madagascar, c'est le drapeau français qui protège la vie, la liberté et les travaux apostoliques de nos missionnaires. (Très bien! à droite.)

« Nous vous témoignerons notre gratitude, sire, et par nos prières au pied des autels, et par un bon usage de cette liberté d'enseigner la jeunesse que vous nous avez donnée, et par une application constante à seconder les efforts de Votre Majesté pour le bien de la religion et pour le bonheur de la France... (Très bien! très bien! et applaudissements à droite.)

J'ai dit simplement que c'était un acte de soumission, et je crois que c'est bien là de la soumission.

Il est également de ma loyauté, particulièrement vis-à-vis d'un des honorables membres de cette Assemblée, de vous faire connaître la lettre du père Ravignan, du 13 mars 1854.

Elle est conçue dans un ton un peu différent, vous allez le voir :

« Sire, la reconnaissance est un devoir que nous voulons remplir. Les députés de la ville de Saint-Etienne nous ont dit avec quelle bonté Votre Majesté avait accueilli leur demande. La promesse solennelle de la réouverture du collège de Montaud nous remplit de joie; et nous vous offrons, sire, nos profondes actions de grâces. Le coup qui nous avait frappés nous avait vivement affligés et préoccupés en vue des intérêts sacrés auxquels nous dévouons notre vie. Votre Majesté nous rend la confiance et le courage. Prêtres, religieux, trop longtemps méconnus et persécutés, nous ne pouvons, nous ne devons que donner l'exemple du respect et de la soumission au pouvoir et aux lois. (Très bien! et applaudissements à droite.)

M. Buffet. Parfait! parfait! Lettre très digne.

M. le ministre. « Telle est notre règle, tel est notre esprit, nous y serons toujours fidèles, daignez le croire, sire. » (Très bien! et applaudissements sur les mêmes bancs.)

M. Galloni d'Istria. Ce n'est pas là se jeter aux pieds d'un souverain!

M. le baron de Ravignan. Maintenant vous pouvez retirer le mot.

M. le ministre. Quel mot?

J'ai dit que les congrégations...

M. le baron de Ravignan. Vous pouvez retirer le mot.

A droite. Oui! oui!

Plusieurs sénateurs a gauche. Ne retirez rien.

M. le ministre. Il n'y a personne ici, messieurs, qui suppose que le gouvernement impérial aurait autorisé la réouverture du collège de Montaud, s'il n'avait pas, dans les trois mois de négociations qui ont suivi le décret de fermeture, obtenu de la compagnie de Jésus des déclarations conformes aux intérêts de son règne.

M. Buffet. Il n'y a pas d'autres déclarations !

M. de Ravignan. C'est une conclusion que vous n'avez pas le droit de tirer!

M. le ministre. Je n'ai donc absolument rien à retirer. (Interruptions et bruit à droite.)

Le gouvernement impérial a considéré ces documents comme une soumission, comme un traité de paix... (Nouvelles rumeurs sur les mêmes bancs.) Oui, messieurs, et la preuve, c'est que je les ai trouvés dans les archives du ministère de l'instruction publique avec cette mention : « Remis par l'empereur en conseil aux Tuileries, le 15 mars 1854, — remis par l'empereur en conseil aux Tuileries, le 24 mai 1854 » et ils y ont été gardés comme un titre...

A droite. Très bien !

M. Buffet. Ces lettres font honneur à ceux qui les ont écrites. (Exclamationsà gauche. — Silence ! — Laissez parler!)

M. Peyrat et plusieurs sénateurs de la gauche s'adressant a la droite. Allez-vous recommencer à interrompre comme hier? C'est un parti pris!

M. le ministre. Du reste, je ne suis pas de ceux que cette soumission étonne, ni qui songent à en faire un reproche à l'illustre compagnie ; je n'ai fait intervenir cet incident qu'à un autre point de vue, dans un intérêt beaucoup plus direct. Il ne s'agit pas de savoir dans quelle mesure et à quelles conditions la compagnie s'est soumise, mais bien de constater que, pendant toute la durée du gouvernement impérial, il n'y avait jamais eu prescription acquise, qu'il y avait eu, au contraire, une série d'actes interruptifs de prescription — comme nous disons, nous autres légistes, — à l'endroit de l'interdiction des congrégations non autorisées, et que, par conséquent, l'argument tiré de la loi de 1850 et de la désuétude qui en serait résultée n'était pas fondé en fait. (Très bien ! à gauche.)

Et, messieurs, je suis bien aise que le Sénat m'ait permis de renvoyer à aujourd'hui la suite de cette discussion, car je suis en mesure d'ajouter deux documents à ceux que j'ai produits hier à l'appui de cette thèse, à savoir que le gouvernement impérial, malgré la loi de 1850, n'a jamais considéré que les congrégations non autorisées eussent le droit d'enseigner en France, et que, de sa part, cela n'a été qu'une simple tolérance. Je vous ai indiqué hier la date du premier de ces documents, que je n'ai pas pu lire. Quant au second, je vous l'apporte, et j'appelle sur lui toute votre attention.

C'est une circulaire du 6 mars 1860, signée de M. Rouland. Elle est adressée au recteur de Rennes :

« Monsieur le Recteur,

« Votre lettre d'hier m'apprend que les jésuites, qui possèdent déjà une maison conventuelle, soit à Brest, soit à Quimper, ont l'intention de fonder à Brest une institution d'enseignement secondaire pour les élèves qui se destinent à la marine. On suppose même que les acquisitions d'immeubles faites par M. Courtois, qui serait un prête nom, concernent les jésuites et l'établissement projeté.

« L'Empereur a cru devoir, dans un loyal intérêt de tolérance et de bien public, ne pas fermer la France aux congrégations religieuses d'hommes, prohibées comme telles, par nos lois spéciales. Mais, en favorisant ainsi le tranquille développement d'œuvres vraiment chrétiennes, il n'a pu entendre que l'hospitalité donnée dépasserait le mesure de ce qui est convenable et utile, et que ces congrégations pourraient s'étendre abusivement.

« Je ne vois, en rien, l'utilité de la création, par les jésuites, d'une école préparatoire pour les élèves qui se destinent à la marine, ou de tout autre établissement d'instruction secondaire à Brest. Le lycée Impérial et les autres écoles libres du département ont parfaitement suffi aux besoins des familles et de l'Etat.

« Veuillez donc, monsieur le Recteur, vous rendre à Brest. Vous appellerez le directeur des jésuites à la sous-préfecture; et là, en présence de M. le sous-préfet, vous lui déclarerez, avec autant de fermeté que de modération, que le Gouvernement ne pourrait tolérer le nouvel établissement que ces religieux paraissent avoir projeté. S'ils passaient outre, malgré cet avertissement, qu'ils se tiennent pour prévenus que l'établissement serait fermé par l'administration et qu'ils n'auraient qu'à imputer à eux-mêmes les conséquences matérielles de cette interdiction. » (Très bien! C'est clair! à gauche.)

« La loi de 1850 sur la liberté d'enseignement n'a point eu pour but d'éluder les prohibitions qui frappent les congrégations religieuses d'hommes. » (Nouvelle approbation sur les mêmes bancs.)

« Si tout citoyen français remplissant les conditions de cette loi peut ouvrir une école publique, il n'en est pas de même du religieux attaché, par ses vœux perpétuels, à une congrégation dont il est incontestablement membre, et dont il est publiquement l'agent. Dans un établissement d'instruction, les jésuites sont ce qu'ils sont par leur institution, leur serment et leur habit, c'est-à-dire les membres d'une congrégation religieuse qui se voue soit au service des autels, soit à l'enseignement. Il n'y a donc pas de subterfuge possible, et, d'ailleurs l'Etat ne l'accepterait pas.

« Au reste, veuillez rappeler aux Pères, dans votre conversation, que le gouvernement de Sa Majesté ne rétracte nullement ni sa tolérance, ni son hospitalité. Ce qui existe est et sera respecté. Il ne s'agit point de réaction ; mais lorsqu'il est question de nouveaux établissements de la part des congrégations religieuses, il est juste et même nécessaire d'examiner s'il y a opportunité, soit dans l'intérêt public, soit dans l'intérêt de ces congrégations elles-mêmes, dont une extension excessive peut appeller les défiances du pays.

« Vous voudrez bien, monsieur le recteur, me rendre compte du résultat de votre mission. »

Je vous disais hier, messieurs, qu'à partir de 1859 cette doctrine avait été établie et rigoureusement suivie. En voici une preuve qui date du 13 janvier 1869 : c'est une circulaire de M. Duruy aux recteurs :

« Monsieur le Recteur, le gouvernement vient de prendre au Mans une mesure sur laquelle je crois devoir appeller votre attention : il s'est opposé à la création, dans cette ville, d'une maison d'éducation tenue par les jésuites M. le garde de sceaux m'écrit que « cette interdiction est la conséquence de la décision générale prise, en 1859, en vertu de laquelle de nouveaux établissements appartenant à des congrégations d'hommes non autorisées ne doivent plus être tolérés sans que le Gouvernement ait constaté l'utilité de ces fondations.

« Je vous prie, monsieur le Recteur, de vouloir bien vous pénétrer de l'esprit de cette décision, et de m'informer de toutes les tentatives qui pourraient être faites dans votre ressort pour fonder, à côté de nos collèges ou de nos lycées, des établissements de cette catégorie. »

Je crois, messieurs, que, sur ce point, la démonstration est complète : ces documents me paraissent absolument décisifs, et je ne crois pas nécessaire d'en produire d'autres. Je crois vous avoir prouvé qu'il n'est point exact de dire que la loi de 1850 entraîne, comme on le soutient de ce côté (l'orateur désigne la droite) l'abrogation implicite des lois qui prohibent les congrégations d'hommes non autorisées ; que le Gouvernement qui a suivi 1850 ne l'a jamais entendu ainsi, et que, jusqu'à la veille de sa chute, ce gouvernement a maintenu sa jurisprudence, jurisprudence conforme à toutes les traditions nationales, et que nous vous demandons d'instaurer aujourd'hui, ou plutôt de restaurer dans votre loi.

M. Vétillart. L'établissement du Mans a été ouvert en 1870, avant la guerre.

M. le ministre de l'instruction publique. Je vous ai cité hier une lettre de M. Segris qui date d'un mois avant la guerre et qui confirme ce que j'avance.

M. Vétillart. L'établissement a ouvert avant la guerre.

M. le ministre de l'instruction publique. Alors, il a été ouvert sans permission. Mais, vous voyez la doctrine, je crois qu'elle est assez claire.

Je suis arrivé, messieurs, à la troisième partie de ma tâche.

Je prétends vous démontrer que le système d'éducation donnée à la jeunesse dans les écoles dirigées par les congrégations non autorisées, et particulièrement par la compagnie Jésus, a une direction politique périlleuse pour nos institutions, hostile non seulement à l'établissement politique sous lequel nous vivons et que nous avons le devoir de consolider, mais hostile au principe même de ce qu'on appelle la société moderne, fille de 1789.

L'honorable M. Buffet vous a dit d'abord qu'en fait cette assertion n'était pas justifiée. Il ajoutait: De quelle importance et de quel intérêt un effort politique de ce genre pourrait-il être dans des établissements destinés à d'aussi jeunes gens? Sont-ils à l'âge où l'on prend parti dans les luttes politiques? Peuvent-ils entendre les nuances que vous n'aurez pas de peine à extraire de certains livres d'enseignement, produits par cette compagnie? Sont-ils à la hauteur de ces distinctions? Ont-elles quelque prise sur leur esprit? Que vous vous préoccupiez de l'enseignement supérieur, disait M. Buffet...

M. BUFFET. Je n'ai pas dit cela!

M. LE MINISTRE. Je vous demande pardon. Il me semble que je traduis, l'accentuant peut-être davantage, une de vos allégations, monsieur Buffet; vous avez dit que, dans les lycées, la majorité des élèves était trop jeune, trop étrangère aux choses politiques pour qu'on pût se préoccuper de leur donner une direction politique.

PLUSIEURS SÉNATEURS A GAUCHE. Parfaitement! C'est à l'*Officiel!*

M. LE MINISTRE. Que l'honorable M. Buffet l'ait dit ou ne l'ait pas dit, que j'aie bien ou mal compris ses paroles...

M. BUFFET. C'est moi qui me suis mal exprimé.

M. LE MINISTRE... il n'en reste pas moins cette observation qui, je crois, est de bon sens et d'expérience, que c'est à cet âge de l'adolescence précisément, que l'esprit de l'enfant reçoit les impressions les plus profondes et les plus durables; que c'est à cet âge que la famille, — lorsque c'est l'éducation de la famille qui prévaut, — lui donne son empreinte, empreinte qui bien rarement s'efface pendant le reste de la vie, et c'est à cet âge que le système des internats laïques ou congréganistes laisse des traces profondes dans ces esprits vifs, neufs, malléables, dans lesquels le vrai ou le faux s'insinue d'autant plus facilement que ce sont des esprits sans défense.

Je crois dire là une chose essentiellement vraie; si cette observation n'était pas juste, d'où viendrait le souci que tous les gouvernements du monde prennent de l'enseignement et particulièrement de l'enseignement secondaire? Quelle serait la raison de cette surveillance, de ce droit de vérifier si l'enseignement n'est pas contraire à la Constitution et à nos lois?

C'est à cet âge-là, messieurs, qu'on forme les citoyens, c'est aussi à cet âge qu'on les déforme. (Très bien! très bien! à gauche.)

Maintenant, comment juger à ce point de vue l'enseignement des jésuites et par quels documents? Nous ne le pouvons, en vérité, d'une façon sérieuse, et pour éviter l'accusation de leur faire un procès de tendance, qu'en prenant leurs livres, les livres qu'ils mettent dans les mains de la jeunesse, et, en particulier — puisqu'il s'agit ici d'une certaine direction politique, d'une certaine empreinte politique à laisser dans les jeunes esprits — les livres de classe qui sont consacrés à l'enseignement de l'histoire.

Il y a donc une excessive importance à considérer, lorsqu'on veut juger cet enseignement, quels sont les livres d'histoire qui sont mis dans les mains des élèves.

Dans les discussions qui ont occupé tant d'années du gouvernement de Juillet, entre l'Université et les évêques, quels étaient les griefs, quels étaient les documents incessamment apportés à la tribune? C'étaient les livres, les livres de philosophie, mais surtout les livres d'histoire. Nous employons donc un procédé tout à fait légitime, conforme au bons sens et à la justice, en demandent compte à la compagnie de Jésus de doctrines qui, à chaque page, à chaque ligne des livres qu'elle met dans les mains de la jeunesse, surgissent et s'accentuent avec une netteté dont je veux tout à l'heure vous faire juges.

L'honorable M. Chesnelong disait, dans une des dernières séances: « Qu'a-t-on trouvé, qu'a-t-on mis dans ce menaçant dossier des jésuites? Trois ou quatre livres d'histoire, qui ne sont pas des livres de classe, écrits par des jésuites, et qui se trouvent seulement, disait M. Chesnelong, dans les bibliothèques de cinq ou six collèges! »

« Il est vrai, » ajoutait-il, « qu'on a trouvé un livre de classe, et celui-là est d'un jésuite : c'est le livre du père Gazeau. »

L'honorable M. Chesnelong passait très légèrement sur les nombreux extraits que j'ai produits à la tribune de l'autre Chambre, et qui sont précisément tirés des livres d'histoire du père Gazeau. Il n'y a vu que l'usage tout à fait légitime, a-t-il dit, de la liberté d'appréciation vis-à-vis des faits et des doctrines de la Révolution française. Nous allons voir, messieurs.

Je voudrais dire d'abord ce que sont ces livres du père Gazeau. Je fais remarquer au Sénat qu'il n'est pas exact de dire que *l'Histoire de France* du père Gazeau et l'*Histoire de France* de l'abbé Courval...

M. DE LA SICOTIÈRE. L'abbé Courval n'est pas un jésuite.

M. LE MINISTRE... ce n'est pas un jésuite, j'en conviens, — soient des livres qui se rencontrent par hasard dans un ou deux collèges. Les inspecteurs généraux de l'instruction publique les ont trouvés dans tous les établissements de jésuites, et non seulement dans les établissements de jésuites, mais dans la plupart des établissements appartenant à des congrégations non autorisées. Ainsi, on a trouvé ces livres du père Gazeau et de l'abbé Courval à Toulouse, chez les pères jésuites de l'institution Sainte-Marie, et à l'institution de l'Immaculée Conception, que les habitants de Toulouse connaissent très bien sous le nom de *Cahouzou*. On les a trouvés, de plus, dans l'Ariège, à Notre-Dame-de-Sabord; chez les prêtres de Lourdes; à Niort, chez les oblats de Saint-Hilaire; à Lille, chez les pères jésuites de l'école de Saint-Joseph; à Boulogne, chez les pères jésuites de Notre-Dame; à Vannes, chez les pères jésuites de l'école Saint-François-Xavier; à Poitiers, chez les pères jésuites de l'école Saint-Joseph; à Saint-Omer, au collège des prêtres de Saint-Bertin; à Dunkerque, chez les prêtres de Notre-Dame-des-Dunes. Ainsi ces livres sont partout: ils sont classiques. Ils sont une œuvre essentiellement jésuitique, car il faut vous dire que l'abbé Courval, — qui n'est pas un jésuite, qui est, je crois attaché au séminaire de Séez, — l'abbé Courval, comme le P. Gazeau, n'est pas autre chose qu'un copiste, un arrangeur de la célèbre, très célèbre histoire jésuitique due à la plume du P. Loriquet.

Non seulement le P. Gazeau et l'abbé Courval sont des historiens jésuitiques, mais ils sont l'historien jésuitique par excellence, Loriquet lui-même, et ils en conviennent. Vous trouverez dans un recueil dont je vous dirai tout à l'heure quelques mots, et qui s'appelle les *Etudes religieuses* des P. P. jésuites, année 1866, page 277, un article qui annonce l'apparition d'un livre du P. Gazeau et qui explique que son *Histoire de France* n'est pas autre chose qu'une révision de celle du P. Loriquet.

Seulement le père Loriquet avait commis l'imprudence de malmener en termes parfois un peu violents, même malséants les hommes et les choses de la Révolution et de l'empire. On a corrigé ces imprudences de langage. dit le P. Gazeau.

« Le concordat, dit le P. Gazeau, avait permis au P. Loriquet de donner libre carrière à son zèle, et, depuis lors, on le voyait, à la tête d'un collège florissant, — c'est celui de la rue des Postes ou de la rue Lhomond, — inculquer à l'élite de la jeunesse française ces mêmes principes qu'il avait défendus au prix de sa liberté! Sa plume féconde savait les mettre en lumière dans une foule d'ouvrages classiques qui circulaient par toute la France et à l'étranger. »

« Qui ne sait », continue la préface reproduite par les *Etudes* de 1866, « qui ne sait qu'en 1832 il fallut un ordre sévère du ministre et la surveillance la plus active pour bannir de l'enseignement officiel les livres classiques d'histoire qu'y avait introduits et maintenus l'estime intéressée des maîtres et des élèves ?

Quant à son travail personnel, le P. Gazeau ajoute :

« Chargé de reprendre et de compléter son œuvre, nous ne pouvons qu'essayer de faire ce qu'il aurait fait lui-même. Quelques mots suffisent pour dire comment nous voudrions profiter du seul avantage d'être venu après lui.

« L'auteur n'avait point eu d'autre ambition que d'être utile à la jeunesse, en restant inconnu; mais il fut assez mal inspiré pour ajouter, à une nouvelle édition de son *Histoire de France*, quelques pages d'histoire contemporaine, et on sait le retentissement donné à certaines appréciations regrettables que la calomnie voulut encore aggraver. (Très bien ! à droite.)

« Ces appréciations, nous les faisons disparaître, en nous bornant à observer qu'en 1816 l'histoire n'était pas encore éclairée par cette expérience, jusqu'alors sans exemple, qui nous a permis, dans un grand pays comme la France, de voir tomber en soixante ans quatre trônes et deux républiques. »

Voilà, messieurs, ce qu'est le P. Gazeau. Il est le P. Loriquet, P. Loriquet revisé et perfectionné. Et quand on compare soit l'histoire de France du P. Gazeau, soit celle de l'abbé Courval, avec l'histoire du P. Loriquet, qui est leur père direct à tous les deux, on est frappé de la ressemblance extraordinaire que présentent ces ouvrages, et, sauf quelque prudence de forme, quelques réserves, sauf quelques boutades compromettantes, quelques affirmations odieuses qui se trouvaient dans l'histoire du P. Loriquet, — notamment cette peinture de la bataille de Waterloo, où les soldats français étaient mis en scène s'entretuant sous les yeux des Anglais, on y trouve le même fond d'idées et les mêmes expressions. J'ai fait la comparaison pour un très grand nombre de passages.

Dans tous les cas, le P. Loriquet revisé et perfectionné me suffit complètement, et il suffira complètement au Sénat, comme il a suffi à la Chambre, pour apprécier cet enseignement.

M. LE VICOMTE DE LORGERIL. Les livres du P. Loriquet ont été approuvés par l'Université.

M. LE PRÉSIDENT. N'interrompez pas, monsieur de Lorgeril. Vous n'avez pas la parole. Vous êtes inscrit, vous répondrez.

M. LE MINISTRE. A cet égard, je rencontre une objection dans le discours de l'honorable M. Chesnelong ; il nous dit : Mais, enfin, la Révolution est-elle une doctrine fermée? une arche sainte? Y a-t-il une doctrine d'Etat sur l'histoire de la Révolution ? Est-ce un crime de lèse-Révolution que de ne pas juger les événements de cette époque comme vous les jugez vous-mêmes?... Quelle liberté, s'écriait-il, voulez-vous donc nous laisser?... (Interruption à gauche.)

M. LE VICOMTE DE LAREINTY. C'est la gauche qui interrompt, ce n'est pas nous.

M. LE MINISTRE. Messieurs, je laisse toute liberté d'appréciation, — et vraiment on serait fort embarrassé d'y assigner une limite, en ce qui concerne la Révolution, les événements qui l'ont précédée et qui l'ont suivie ; — je laisse toute liberté d'appréciation, hors des écoles, hors des collèges ; mais, ou bien ce droit de surveillance que vous nous accordez, — ce droit de vérifier si l'enseignement qui se donne dans les collèges libres est conforme à la Constitution, aux lois, s'il tend à former de vrais citoyens, attachés à leur pays, ou si, au contraire, il tend à former des citoyens hostiles, — ou bien ce droit n'est qu'un vain mot, une formule illusoire, une véritable dérision, ainsi que le disait l'illustre président Bonjean, ou bien il a pour conséquence un examen sévère des doctrines qui s'enseignent dans les maisons d'éducation, sur cette phase décisive de notre histoire nationale. (Très bien ! à gauche.)

Sur quoi donc est fondée la société contemporaine? De quoi vit l'époque où nous sommes? A quelle condition retrouverons-nous un peu de stabilité, un fonds commun sur lequel les intérêts et les idées puissent se fixer? A la condition d'être les fils de 89, de le dire, et de nous y tenir (Nouvelle approbation à gauche), et de ne point élever nos enfants, les uns et les autres, soit dans l'admiration de certains moments contestés et contestables de la Révolution, soit dans le dénigrement systématique et violent de ce qu'il y a de plus respecté et de plus respectable dans cette œuvre de nos pères ! (Marques très vives d'adhésion sur les mêmes bancs.)

Est-ce que la société actuelle pourrait vivre sans la liberté des cultes, sans la tolérance réciproque des croyances ? Eh bien, supposez qu'au lieu de proposer pour idéal à ces jeunes intelligences ce noble régime de liberté de conscience sous lequel nous vivons (Exclamations ironiques à droite), on leur apprenne, dès leur plus jeune âge, à détester, à maudire le protestantisme, par exemple (Interruption à droite), est-ce que vous croyez qu'on ne fera pas une mauvaise action, une œuvre anti-sociale?... (Murmures sur les mêmes bancs.)

Je me demande quel est le sens des exclamations qui se produisent de ce côté (M. le ministre désigne la droite); est-ce pour adhérer à ma proposition ou pour la combattre?

Un sénateur à droite. On n'a rien dit!

M. le ministre. J'affirme, et le Sénat répètera avec moi, qu'apprendre aux enfants la haine du protestantisme sous prétexte de leur faire aimer la foi catholique, c'est une mauvaise action et une œuvre anti-sociale! (Bruit et exclamations à droite. — Applaudissements à gauche.)

Eh bien, c'est ce que font les petits livres dont j'ai à vous parler. Je crains de vous fatiguer de lectures (Non! non! à gauche); ils sont pourtant bien édifiants.

Sur divers bancs. Continuez! — Lisez! lisez!

M. le ministre. Je ne lirai pas ce que j'ai déjà lu devant l'autre Chambre relativement à l'Inquisition, par exemple (Exclamations à droite), dans le livre du P. Gazeau.

Je ne vous rappellerai pas, de peur de blesser ici les consciences délicates, en quels termes grossiers il est parlé, dans cette histoire, de Luther et de la Réforme. J'entends bien qu'il ne peut être question, dans un enseignement que vous voulez absolument catholique, d'imposer l'admiration de la Réforme ou le culte des grands réformateurs; mais ce qui importe à la paix publique, c'est de ne pas outrager des hommes qui s'appellent Luther et Calvin. (Rumeurs à droite.)

Nous arrivons à des questions plus brûlantes : Est-ce que vous croyez qu'il est bon d'apprendre à la jeunesse de nos colléges à penser des guerres de religion ce qu'en dit l'abbé Courval dans son *Histoire moderne*, tome Ier, page 21?

« Les guerres de religion qui ensanglantèrent l'Europe au XVIe siècle furent aussi légitimement motivées que toutes les luttes entreprises pour la défense du territoire. En effet, entre ceux qui voulaient le maintien de l'ordre spirituel et les novateurs qui prétendaient révolutionner les consciences, la paix ne pouvait se maintenir longtemps; car la foi est pour le chrétien un bien d'un ordre supérieur, qu'il tient à garder et à transmettre à ses enfants. Les catholiques de cette époque ne pouvaient donc voir de sang-froid les églises dévastées et les choses saintes profanées. (Très bien! à droite.) Il se forma dans la société deux camps : ceux qui voulaient conserver, et ceux qui prétendaient détruire. (Nouvelle approbation sur les mêmes bancs.) En France, la victoire demeura aux conservateurs et le catholicisme l'emporta. » (Rires à gauche. — Très bien! à droite.)

Dans ce même ordre d'idées, il y a un événement qui est également une pierre de touche, c'est la révocation de l'édit de Nantes. (Ah ! ah ! à droite.)

Savez-vous ce qu'en dit l'*Histoire de France* de l'abbé Courval, page 29, tome II?

UN SÉNATEUR A DROITE. Et le P. Gazeau?

M. LE MINISTRE. Sous ce rapport le P. Gazeau n'a fait que copier l'abbé Courval, qui n'est lui-même, ainsi que je l'ai dit, que le copiste du P. Loriquet.

« Trois ans après l'Assemblée de 1682 », dit l'abbé Courval, « le monarque frappa la religion prétendue réformée d'un coup qui retentit jusqu'aux extrémités de l'Europe. Les calvinistes avaient extorqué de ses prédécesseurs, les armes à la main, un grand nombre de privilèges et obligé Henri IV à publier, en 1598, le fameux édit de Nantes, qui leur donnait une sorte d'égalité avec les catholiques. (Sourires à gauche. — Ecoutez !) Malgré ces concessions, ils n'en avaient pas été moins entreprenants, et déjà l'on comptait plus de deux cents lois portées contre leurs infractions à l'édit de Henri IV, lorsque Louis XIV se détermina à déployer contre eux son autorité. Il révoqua l'édit de Nantes, leur interdit l'exercice public de leur religion, et fit abattre tous leurs temples. La nation entière applaudit à cette mesure, mais Louvois l'exécuta avec trop de rigueur. »

Cette dernière phrase « mais Louvois l'exécuta avec trop de rigueur » c'est ce que l'abbé Courval a ajouté au P. Loriquet : c'est le progrès des temps ! (Rires à gauche.)

Mais le reste me paraît suffisant pour caractériser la façon dont on enseigne aux enfants, dans les établissements dont je parle, la tolérance réciproque et le respect des croyances. (Approbation sur les mêmes bancs.)

Le même auteur rencontre au siècle suivant — et vous allez voir que c'est toujours la même pensée d'intolérance persistante et malveillante — il rencontre le bel édit de Louis XVI qui rendait l'état civil aux protestants. Savez-vous ce qu'il en dit, ce qu'il trouve moyen d'en dire à la jeunesse?

Page 50 de son histoire, on lit :

« C'est dans le cours de ces démêlés que Louis, à la persuasion du cardinal de Brienne alors ministre des finances, crut pouvoir remettre les calvinistes en possession des privilèges dont les avait privés, cent ans auparavant, la révocation de l'édit de Nantes. Sans doute il eut à se repentir de sa condescendance lorsque, quelques années après, il compta parmi ses ennemis et ses bourreaux plusieurs de ceux à qui il avait rendu le titre et les droits de citoyens. (Exclamations à gauche. — C'est odieux !)

Voilà pour le protestantisme. Passons à la Révolution.

Il y a, dans les livres dont je produis devant vous quelques extraits, toute une série d'opinions qui constituent un jugement complet et très net, — j'oserais presque dire : très carré — sur la Révolution tout entière.

Est-ce que cela doit se trouver dans un livre destiné à la jeunesse? Croyez-vous qu'on puisse former une jeunesse capable de porter à nos successeurs l'héritage de gloires et de malheurs, d'institutions solides, de grandes pensées et de grandes actions que nous avons reçu nous-mêmes de nos pères? croyez-vous que cette jeunesse puisse se former, si on lui apprend, à cet âge si tendre, le mépris de ce que vous respectez tous, — ou presque tous — de la grande Assemblée constituante, dont vous avez consacré, sans discussion, le souvenir par le monument que vous avez élevé à Versailles? (Vive approbation à gauche.) Croyez-vous que ces choses doivent entrer dans une éducation nationale? Croyez-vous que le mépris hautement professé et enseigné de l'Assemblée constituante...

M. LE DUC DE BROGLIE. Il faut exiler M. Taine!

M. LE MINISTRE... non pas le blâme des violences révolutionnaires, mais le blâme absolu, direct, haineux, exprimé souvent dans les termes les plus grossiers, de toutes ces grandes dates, de tous ces sommets lumineux qui dominent la période révolutionnaire, et qui s'appellent le Serment du Jeu de paume, la nuit du 4 Août, doive inspirer des livres consacrés à la jeunesse? Est-il ici quelqu'un qui jetterait un tel outrage à ces grands souvenirs? Eh bien, il y a dans les livres destinés à la jeunesse de ces établissements, il y a dans ces établissements, destinés à des enfants, des jésuites pour jeter cet outrage! (Très bien! très bien! à gauche.)

Savez-vous comment le P. Gazeau, page 268 de son *Histoire de France*, explique à la jeunesse cette grande scène du Serment du Jeu de paume?

« Louis, qui prévoyait où cette marche séditieuse devait aboutir, entreprit de l'arrêter, et annonça une séance royale dont les préparatifs obligèrent de fermer pour quelques jours la salle du Tiers-Etat. Mais le Tiers, d'autant plus audacieux qu'il se sentait plus redouté, refusa de suspendre ses séances. Le 20 juin, son président, Bailly, trouvant la porte fermée, se rend dans la salle du Jeu de Paume. Là parmi les invectives et les calomnies lancées contre les intentions du roi, Mounier propose à ce rassemblement illégal de prendre un engagement solennel. Tous les députés font serment de ne se séparer qu'après avoir donné une constitution à la France, comme si le plus ancien des peuples policés de l'Europe eût subsisté, durant treize siècles, sans avoir une constitution! »

C'est clair, messieurs; mais est-ce là une histoire faite au point de vue national, ou au point de vue d'un seul parti, du plus vaincu de tous les partis? (Nouvelle approbation et applaudissements sur les mêmes bancs.)

Et la nuit du 4 Août? Certes il y a là une scène sublime et de quoi confondre les plus malveillants. Messieurs, voici comment le P. Loriquet jugeait la nuit du 4 Août; je vous dirai ensuite comment le P. Gazeau la jugeait, et, par la comparaison, vous pourrez juger du travail qui s'est fait de l'un à l'autre et des atténuations qu'à pu recevoir l'appréciation des historiens jésuites, restée la même au fond, après deux générations et dans un temps qui exigeait plus de ménagements qu'en l'année 1817.

Voici comment le P. Loriquet racontait à la jeunesse dans l'histoire *ad majorem Dei gloriam* la nuit du 4 Août :

On lit dans l'édition de 1817, page 132 :

« Au milieu de ces mouvements convulsifs, l'Assemblée, après un repas splendide, tient la séance nocturne si connue sous le nom de nuit du 4 Août. Là, sans discussion, sans délibération, uniquement inspirée par les vapeurs du v.n... (Exclamations à gauche.)... elle décrète une foule d'injustices contre les seigneurs, contre les propriétaires des droits féodaux, contre les provinces privilégiées. Le Roi ayant repoussé ces décrets anarchiques, les conspirateurs en prirent occasion de ranimer le feu de la révolte. »

Vous allez voir, messieurs, que le P. Gazeau a calqué sur ce texte une rédaction plus atténuée. Les vapeurs du vin n'y sont plus, mais c'est identiquement le même fond, c'est la glose du texte du P. Loriquet :

« Au milieu de ces mouvements convulsifs, l'Assemblée, dans la séance nocturne du 4 août, eut à délibérer sur les excès commis dans les campagnes; quelques orateurs prétendirent les justifier, en les présentant comme une revanche légitime du peuple contre les abus du despotisme et de la féodalité. Tout à coup, — comme dans le P. Loriquet — tout à coup, sans discussion, uniquement inspirés par les transports d'un enthousiasme irréfléchi... » (Rires et protestations à gauche.)

Vous voyez dans quelle mesure on a tenu compte du progrès des temps et des mœurs :

« — ... des députés de la noblesse et du clergé se succèdent à la tribune, et déclarent renoncer à tous les droits et privilèges féodaux. Leurs déclarations sont aussitôt converties en décrets; l'Assemblée, comme saisie de vertige, vote dans la même séance la suppression de tout le régime féodal, et réduit toutes les personnes et tous les biens au régime de l'égalité. A la fin, elle décrète qu'en reconnaissance d'un tel bienfait, on chantera un *Te Deum*, et que Louis XVI recevra le titre de restaurateur de la liberté française. »

M. LE VICOMTE DE LAREINTY. C'est pour cela qu'on lui a coupé le cou.

M. LE MINISTRE. « Mais Louis XVI effrayé de ces décrets anarchiques, — toujours comme dans le P. Loriquet, — refusa d'abord de les approuver; l'Assemblée elle-même, passant du délire au sentiment de la réalité, fut dès lors en proie aux divisions intestines, et la nuit du 4 Août resta dans notre histoire comme une preuve éclatante qu'il est plus facile de détruire que de remplacer l'œuvre des siècles. » (Eh bien? à droite. — Rumeurs à gauche.)

C'est donc ainsi qu'on traite les origines les plus pures et les plus glorieuses de notre Révolution, qu'on apprécie les événements que des éducateurs soucieux de leurs devoirs, et qui ne seraient pas poussés par un violent esprit de parti, devraient présenter à la jeunesse comme des journées à mettre en parallèle avec les plus belles journées de l'ancienne Rome et des anciennes républiques grecques! Après cela vous pensez bien que le développement ultérieur de la Révolution ne sera pas apprécié avec indulgence.

La Révolution, vous allez voir comment, en trois lignes, le P. Gazeau l'exécute dans son *Histoire ecclésiastique*, qui est écrite par demandes et par réponses :

« D. Quel fut le régime de la Révolution ?

« R. La Révolution établit le régime de la Terreur. Comme elle n'était que la révolte érigée en principe, elle n'avait pu amener que le triomphe de la force, et dès lors les faibles avaient tout à craindre.

« On alla jusqu'à emprisonner des pères de familles, en ne laissant à leurs enfants que la cruelle alternative de les voir mourir de faim, ou de fouler aux pieds le crucifix, pour leur porter des vivres... »

Un sénateur a droite. C'était la Terreur.

M. le ministre. Eh bien, messieurs, quand, dans une histoire destinée à l'enfance, écrite par demandes et par réponses, dans une sorte de catéchisme historique et social, on présente à la jeunesse la Révolution française sous cette forme hideuse, je dis qu'on calomnie la Révolution et qu'on corrompt la jeunesse française! (Applaudissements à gauche.)

M. le vicomte de Lareinty. Il faut alors lui faire aimer les massacres.

M. le ministre. Aussi, vous ne serez pas étonnés d'apprendre comment, dans de tels livres, on apprécie ces principes de 1789 inscrits en tête de toutes les constitutions, le point fixe sur lequel nous nous appuyons, le seul auquel nous puissions nous rattacher. Prenez-y garde : si les principes de 1789 sont livrés au décri, au mépris des jeunes générations, mais votre société s'en va, votre société se dissout ; toute espèce d'unité nationale disparait! (Nouveaux applaudissements à gauche.)

Je dis cela non seulement pour la forme de gouvernement que j'ai l'honneur de servir et de représenter, mais pour toutes les formes modernes de gouvernement.

Nous sommes tous solidaires, et vous qui siégez à la gauche et à l'extrême gauche, et vous qui siégez au centre de cette Assemblée, nous sommes tous solidaires dans cette grande cause, dans cette défense des glorieux, salutaires et solides principes de 89. (Très bien! très bien! sur les mêmes bancs.)

Et voici, messieurs, comme on les traite ; voici ce qu'on apprend à la jeunesse des principes de 89. Je prends l'*Histoire de France* de l'abbé Courval, page 176 :

« Ces changements sont ce qu'on appelle les principes de 1789, ou de la Déclaration des droits de l'homme et du citoyen placée en tête de la Constitution votée le 20 août 1789. Ils consistent dans l'égalité civile et politique, l'admissibilité de tous les Français aux charges et fonctions publiques, la répartition égale des impôts, l'abolition de ce qui, en dehors de la loi, peut porter atteinte à la liberté individuelle. Il y eut dans la même Déclaration d'autres maximes contre lesquelles nous ferons de justes réserves.

« Ainsi : 1° il est évident que le principe de l'autorité ne peut se trouver dans le peuple. Le peuple a la faculté, selon les temps et les lieux, de nommer le souverain, si le trône n'est pas héréditaire ; mais alors, quand le vote est régulièrement fait, ce n'est pas le peuple qui confère le pouvoir au chef nommé, il le tient directement de Dieu. (Rires à gauche.)

« 2° La liberté absolue de la presse n'a jamais été admise par un gouvernement sage, car il faut non seulement que le mal soit réprimé quand il est fait, mais encore qu'il soit prévenu pour l'empêcher de se produire... »

M. BUFFET. Eh bien ?

M. LE MINISTRE. Je croyais, messieurs, que vous étiez ennemis des mesures préventives en matière de presse !

« 3° La définition de la loi comme l'expression de la volonté générale est fausse. Cette loi, même voulue par la majorité, doit être juste, pour que la conscience du citoyen soit tenu à l'obéissance... »

M. DE LA SICOTIÈRE. C'est la définition du droit romain.

PLUSIEURS SÉNATEURS A DROITE. Eh bien ? eh bien ?

M. LE MINISTRE. Vous admettez, messieurs, que la loi n'est pas obligatoire pour tous les citoyens, qu'il est du droit d'un citoyen de mettre sa conscience au-dessus des lois?

M. BUFFET. Certaines lois, la loi des suspects, par exemple.

M. TAILHAND. Si elles sont injustes !

M. LE MINISTRE. Eh bien ! Je ne crois pas que cela puisse être soutenu sérieusement à cette tribune.

Il n'est pas surprenant après tout cela, messieurs, dans une histoire de la Révolution ainsi conçue — de voir Necker traité de ministre aveugle, et très malmené, particulièrement par le P. Gazeau. — Et savez-vous pourquoi on l'accuse « d'incapacité politique ou de perfidie » ? parce qu'il a refusé obstinément d'exercer une légitime influence sur les élections aux états généraux!... » (Rires à gauche. — Bruits et interruptions à droite.) Il n'est pas surprenant d'y voir Turgot, le réformateur dont vous aimez à invoquer le nom de ce côté, (L'orateur désigne la droite) n'être plus que l'auteur de « réformes inopportunes ou d'une utilité contestable. » (Bruit à droite.)

N'oubliez pas, messieurs, que ce sont là des livres classiques, à l'usage de la jeunesse, — ce ne sont pas des livres refugiés dans la bibliothèque des maîtres, — non, ce sont des livres qui servent à l'enseignement, dont l'enseignement n'est que le développement ; — et je vous donne à penser, lorsqu'il s'agit d'un maître habile et nourri de ces idées, quelle glose il peut faire sur un pareil texte !

Il y a aussi des livres d'histoire contemporaine : l'*Histoire contemporaine*, par exemple, de M. Chantrel.

M. BUFFET. Qui n'est pas un jésuite !

M. LE MINISTRE. Cette histoire contemporaine n'est pas un livre de bibliothèque, mais bien un livre de classe. On le trouve à peu près partout, mais il est particulièrement à l'usage des élèves qui se préparent au baccalauréat et aux écoles du Gouvernement, parce que, vous le savez, le programme de l'école de Saint-Cyr, aussi bien que celui du baccalauréat, comportent une part d'histoire contemporaine.

Il y a donc de l'histoire contemporaine à apprendre aux jeunes gens dont on veut favoriser l'entrée dans les écoles du Gouvernement, et particulierement dans les écoles militaires ; or, pour apprendre cette histoire contemporaine, le livre classique, c'est le livre de M. Chantrel. J'ai cité dans l'autre Chambre des passages de ce livre, j'en ai donné un résumé afin de faire apprécier aux pouvoirs publics l'esprit qui domine dans ce manuel ; de l'esprit de ce manuel je puis conclure avec quelque raison et quelque logique, à l'esprit qu'on veut inculquer à la jeunesse qu'on prépare pour les écoles du Gouvernement.

Voulez-vous savoir, par exemple, comment M. Chantrel explique les désastres de la France en 1870 ? « Savez-vous pourquoi Napoléon III a été battu à Sedan ? Ce n'est pas parce qu'il n'était pas préparé ; non, c'est parce qu'il avait retiré ses troupes de Rome ! » (Hilarité à gauche.)

« C'était le 6 août que le drapeau français avait abandonné Civita-Vecchia et la protection du Saint-Siège, ce fut le 6 août que commencèrent les grands désastres. On prétexta que la France avait besoin de tous ses soldats; on reconnut bientôt que ceux qui gardaient le pape, gardaient en même temps l'empire et la France. On ne doit pas oublier, quand on apprécie le règne de Napoléon III, les entraves mises à la diffusion de l'enseignement religieux par le retour des faveurs accordées à l'Université, ni la scandaleuse protection dont jouissaient des impies déclarés, ni la violation des promesses les plus solennelles faites au sujet du maintien du pouvoir temporel du pape. Napoléon se vit dans la nécessité de tenter un grand coup pour affermir sa dynastie; mais il n'était pas prêt, et la justice de Dieu l'attendait là pour le punir de ce qu'il avait fait et de ce qu'il avait laissé faire contre le Saint-Siège et contre l'Eglise. » (Vives rumeurs à gauche.)

M. DEMOLE. C'est odieux !

M. FOUCHER DE CAREIL. Voilà l'histoire !

M. DEMOLE. C'est honteux et abêtissant !

M. LE MINISTRE. Aussi, messieurs, le livre de M. Chantrel, cette histoire contemporaine, est-elle destinée à montrer à travers les événements de ce siècle la main divine, la main providentielle qui tend à constituer, savez-vous quoi ? Une papauté toute-puissante sur les gouvernements temporels et la soumission de toutes les monarchies et de tous les gouvernements européens à l'autorité du souverain pontife.

« Le grand mouvement général des peuples part de Rome, qui est le centre, et de la papauté qui est comme l'âme du monde. Il se produit dans l'Eglise catholique un mouvement de concentration et d'unité qui amènera, peut-être plus tôt qu'on ne pense, la réalisation de la parole divine : « Un seul troupeau, un seul pasteur. »

Je passe sur la façon dont les principes de 89 sont appréciés, vous la devinez; vous ne serez pas étonnés d'apprendre que d'après les principes de 89 :

« La société n'est plus que le résultat d'une convention entre les hommes; donc, aucun droit d'intervention de la part de Dieu. La loi n'est que l'expression de la volonté de tous, c'est-à-dire de la majorité; donc, oppression des minorités et obligation d'obéir à des lois injustes, quand elles sont constitutionnellement promulguées; la loi humaine ne reconnaît pas la loi divine; la conscience est opprimée : il n'y a plus que le droit du plus fort. En un mot, il n'existe plus de droit divin. » (Page 58.) Aussi l'émigration est justifiée (page 47); la suppression des provinces blâmée (page 48); les privilèges défendus (page 59); le mariage civil ainsi qualifié : « Malheureuse distinction qui menait à l'abandon du vrai mariage et qui établissait une espèce de concubinage légal. » (Exclamations à gauche.) Vous apprendrez également sans surprise que, quant à la tolérance religieuse, voici la vraie doctrine : « L'Eglise, s'écrie M. Chantrel, n'admet que la tolérance; le mot *liberté* employé pour le mal et pour l'erreur est un abus de langage. »

Aussi, messieurs, est-ce un des principaux griefs de l'auteur contre la monarchie de Juillet : « Tous les cultes étaient également protégés, ce qui était une espèce d'injure au seul culte véritable qui ait droit à cette protection. » Aussi M. Chantrel répète-t-il, maintes fois, que « l'idéal d'un Etat, c'est celui où il n'y a de libre que le bien ».

« Louis XVIII, suivant le même auteur, aurait pu restaurer la royauté chrétienne... Il préféra les applaudissements des philosophes aux bénédictions de la religion. »

Charles X est traité avec un peu plus d'indulgence :

« Il a eu de bonnes intentions; ses ordonnances doivent être appréciées favorablement, mais elles l'ont perdu parce qu'il ne s'était pas assez préoccupé des moyens de les faire réussir... »

M. Demole. Cela est réussi! (Rires et applaudissements répétés à gauche.)

M. Foucher de Careil. C'est joli!

M. le ministre. « ... Il fut d'ailleurs mal servi par ses ministres, même par Mgr de Frayssinous qui rétablissait l'enseignement de cette déclaration de 1682 qui avait fait tant de mal à l'Eglise de France.

Quant à la monarchie de Juillet, elle encourt le blâme le plus sévère :

« Les catholiques de France avaient le droit de se plaindre de voir l'Eglise toujours soumise aux mêmes entraves que sous les gouvernements absolus, et en présence de l'enseignement plus ou moins irréligieux, hérétique et matérialiste donné par l'Université, surtout dans les hautes chaires de l'instruction publique, il leur était impossible de ne pas croire à un parti pris d'abaisser la religion. »

Aussi, messieurs, devons-nous envisager la révolution de Février comme un acte de la justice divine. (Exclamations à gauche.)

« Le roi des barricades tomba sous les barricades et s'enfuit honteusement devant l'émeute triomphante, tandis que le roi Charles X avait été traité en roi tant qu'il resta sur la terre de France. »

Cette histoire contemporaine ne s'arrête pas là; on ne trouve pas suffisant de donner aux enfants, aux jeunes gens qu'on prépare aux écoles militaires, des notions sur la révolution de 1830, sur celle de 1848; on les initie, dans ce même ouvrage classique, aux événements contemporains les plus récents. Voulez-vous savoir ce qu'on leur apprend du 24 mai? (Rires à gauche.)

Voix nombreuses. Lisez! lisez!

M. Demole. C'est instructif! Voyons cela; ces messieurs (désignant la droite) ne seront pas fâchés de le savoir!

M. le ministre lisant : « M. Thiers voulait continuer une politique qui favorisait le progrès des doctrines anarchiques et prétendait, contre le sentiment de la majorité, que la fondation de la République était le seul moyen de sauver la société. Au 24 mai, il donna sa démission, espérant qu'elle ne serait pas acceptée, comme cela était arrivé plusieurs fois. Mais cette fois les hommes d'ordre...

MM. Oudet, Demole, Foucher de Careil et plusieurs sénateurs de la gauche. D'ordre moral!

M. le ministre... « étaient résolus à aller jusqu'au bout. On sentait qu'il n'y avait pas à hésiter et qu'il y allait du salut du pays. L'Assemblée nationale nomma aussitôt, pour remplacer M. Thiers, le maréchal de Mac-Mahon, dont le nom seul était une garantie d'ordre et de loyauté. »

Le 16 mai, — dans un livre de classe, messieurs, (Rumeurs à droite) — est justifié, « comme un acte d'énergie provoqué par une Chambre hostile à la religion, et qui, dans sa majorité, était trop fidèlement inspirée par ce cri, devenu le mot d'ordre de son chef le plus influent : Le cléricalisme, c'est-à-dire le catholicisme, c'est l'ennemi! »

« ...L'ordre du jour du 4 mai combla la mesure. M. Jules Simon, président du cabinet, alla jusqu'à dire que le pape dépeignait sa situation sous de fausses couleurs, ce qui voulait dire que le pape avait menti... » (Rires, bravos et applaudissements à gauche.)

M. de Garvadie. Il y en a d'autres qui mentent.

M. Oudet. C'est la liberté de penser.

M. le ministre. Le ministère du 16 mai n'échappe pas à cette critique impitoyable. (Lisez! lisez! à gauche.) Voici comme il est apprécié : « Le ministère du 16 mai avait de bonnes intentions... (Bruyante hilarité à gauche.); mais géné par les doctrines libérales de la plupart des ministres... (Nouveaux rires.)... il ne luttait qu'à armes inégales contre des adversaires qui ne reculaient ni devant le mensonge ni devant la calomnie, laissant le champ libre au mal, et croyant ne pas avoir le droit d'arrêter une protestation qui livrait les masses à l'action d'une presse sans principe et sans frein.

« On se tenait dans l'égale liberté du bien et du mal, de la vérité et de l'erreur; une nouvelle expérience devait montrer que l'un des plus pressants devoirs de l'autorité sociale est de soutenir la vérité et le bien, et de restreindre le plus possible l'action de l'erreur et du mal.

« Après les élections, on s'attendait à un nouvel acte d'énergie du chef de l'État et de son ministère. Cet acte ne vint pas. » (Bravos et applaudissements ironiques à gauche.)

M. Demole. Le coup d'État! Enseignez donc cela dans vos écoles !...

M. Eugène Pelletan. C'est une conspiration permanente!

M. Demole. C'est un crime! (Nouveaux applaudissements sur les mêmes bancs. — Agitation.)

M. le ministre. Le livre se termine pourtant par une parole d'espérance : la voici :

« Le crime de la Révolution (l'occupation de Rome) est aujourd'hui consommé, mais il laisse une espérance à tous les catholiques: c'est que la France, humiliée au moment où elle abandonnait la protection du Saint-Siège, se relèvera un jour et reprendra sa force en reprenant ses glorieuses traditions. »

Une voix a droite. Très bien!

M. le ministre. Vous ne serez pas surpris, messieurs, quand je vous dirai qu'à côté de ce livre on trouve, dans les mêmes établissements, une petite géographie historique qui est aussi de l'abbé Courval, laquelle a été interdite même par le ministère du 16 mai et qui pourtant continue à circuler dans les établissements congréganistes.

On y lit au mot de Rome ce qui suit : « Siège du pape et capitale du monde catholique; aujourd'hui, prétendue capitale du royaume d'Italie. » (Exclamations à gauche.)

Messieurs, plusieurs des livres que je viens de vous citer ne sont pas faits pour les jeunes élèves, ils sont faits pour les aînés, pour ceux que l'on prépare au baccalauréat, à l'école polytechnique, à l'école de Saint-Cyr, à l'école de marine. Je ne dis rien de plus. Vous êtes édifiés sur la qualité des aliments intellectuels que, dans certains établissements, on donne à la jeunesse. Je vous rappelle seulement que, depuis 1854, l'école de Sainte-Geneviève, l'école de la rue des Postes a fait admettre 2,283 élèves à l'école de Saint-Cyr et à l'Ecole polytechnique...

M. le vicomte de Rainneville. Voilà pourquoi vous les proscrivez!

M. le ministre... et depuis 1871, 551 à Saint-Cyr et 239 à l'Ecole polytechnique.

A droite. Eh bien?

M. le ministre. Eh bien! quand un gouvernement vigilant vous dit qu'il y a là un péril et qu'il y faut regarder de près, je crois... (Applaudissements à gauche. — Rumeurs à droite.)

M. Chesnelong. Monsieur le ministre, voulez-vous me permettre de dire un mot pour rectifier un fait?

A gauche. Non! non!

M. le président. M. le ministre le permet. (A gauche. Non! non!) M. le ministre est maître de sa discussion, messieurs.

M. Chesnelong. Je voulais demander à M. le ministre s'il est bien sûr que le livre de M. Chantrel sert dans l'école de la rue des Postes à l'enseignement de l'histoire contemporaine.

Je crois que, s'il se renseignait avec exactitude, il constaterait au contraire que l'histoire mise dans cette école entre les mains des élèves est celle d'un honorable et savant professeur du lycée Charlemagne, M. Brissaud. Voilà le fait que je crois pouvoir affirmer. (Applaudissements à droite.)

M. le ministre. Messieurs, ce qui sert de base à l'enseignement, à côté du livre de M. Chantrel, dans les établissements dirigés par la compagnie de Jésus, ce sont des cahiers d'histoire moderne, dont j'ai eu en mains deux exemplaires. Ces cahiers s'arrêtent à 1848, comme le programme lui-même.

M. Buffet. L'enseignement s'arrête à 1848.

M. le ministre. Quant à l'enseignement, messieurs, j'affirme, après examen de ces cahiers et d'après les rapports très minutieux qui m'en ont été faits, que, sous des formes réservées, puisqu'il s'agit de cahiers dans lesquels la rhétorique n'est pas de mise, il y a identité absolue de doctrine entre les cahiers qui sont mis dans les mains des élèves de Sainte-Geneviève et l'histoire de M. Chantrel. C'est identiquement le même point de vue. Et l'inspecteur de l'Université que j'ai chargé de me faire un rapport sur ces cahiers, — j'ai là ce rapport tout entier, je le communiquerai à l'honorable M. Chesnelong, s'il le désire, — résume ainsi son impression :

« Voilà donc où vont réellement ces maîtres qu'on vante, même dans un résumé fait en vue des examens à subir devant les juges de l'Etat, même alors qu'ils ont annoncé le dessein de renvoyer à l'enseignement oral le développement de leurs appréciations! Ils apprécient à tout instant, avec une fixité de vues qui ne se dément jamais, au milieu de contradictions choquantes pour des esprits mûrs, inaperçues d'esprits en voie de formation. Et comme les faits sont parfois gênants, ils en suppriment ce qui les gêne, ils n'en font voir, ainsi que des hommes, que ce qui vient à l'appui de leur thèse, faisant peut-être œuvre de politique, mais non assurément une œuvre de bonne foi. En résumé, la compagnie de Jésus, dans l'exposition de l'histoire moderne, vilipende et flétrit ce que nous respectons, maudit ce que nous bénissons, déteste ce que nous aimons, aime ce que nous détestons. Son vœu, non avoué, mais manifeste, c'est le renversement de la société moderne. » (Très bien! très bien! à gauche. — Bruit et protestations à droite.)

PLUSIEURS SÉNATEURS A DROITE. Le nom de l'auteur du rapport! — Le nom de l'inspecteur!

M. LE MINISTRE. Le nom de l'inspecteur? Je me garderai bien de vous le faire connaître. (Exclamations à droite.)

M GALLONI D'ISTRIA. Pourquoi reçoit-on les élèves aux examens, alors? Pourquoi les reçoit-on dans les écoles?

M. LE PRÉSIDENT. Vous n'avez pas la parole, monsieur Galloni.

M. CHESNELONG. M. le ministre ne fait aucune citation extraite des cahiers d'histoire; ce qu'il vient de nous lire, c'est une appréciation qui ne détruit en rien le fait que j'avais avancé, que je confirme, et à l'occasion duquel M. le ministre ne m'a pas répondu.

M. LE PRÉSIDENT. Vous n'avez pas la parole, monsieur Chesnelong; laissez continuer M. le ministre.

M. LE MINISTRE S'ADRESSANT A M. CHESNELONG. Je vous ai répondu, puisque je vous ai dit que les cahiers d'après lesquels les cours sont faits et qui servent de base à l'enseignement sont animés du même esprit, des mêmes doctrines légitimistes et théocratiques... (Interruptions à droite.) Je ne peux pas tout lire...

UN SÉNATEUR A DROITE. De qui est le rapport?

M. LE MINISTRE. D'un inspecteur de l'Académie de Paris, des plus autorisés.

A DROITE. Qui? Son nom?

M. LE MINISTRE. Je n'ai pas besoin de le nommer...

M. TESTELIN. C'est pour le faire insulter dans vos journaux probablement!

M. LE MINISTRE. C'est un rapport adressé à une commission du ministère; un rapport officiel fait sur pièces.

M. BARAGNON. C'est une appréciation personnelle.

VOIX A GAUCHE. N'interrompez pas!

M. LE MINISTRE. C'est une appréciation qui certainement ne vous convainc pas, mais qui, je le crois, convaincra la majorité du Sénat. (Approbation à gauche.)

Je rencontre ici une objection, celle qui a déjà été faite par l'honorable M. Chesnelong; il nous a dit : Si ce sont de mauvais livres, supprimez les livres!

Messieurs, je l'aurais déjà fait depuis longtemps, si je n'avais pas dû attendre depuis plus d'une année le Conseil supérieur de l'instruction publique, que les pouvoirs publics ont bien voulu organiser...

UN SÉNATEUR A DROITE. Mais il y avait un Conseil supérieur.

M. LE MINISTRE. Vous savez bien qu'il n'y avait plus de Conseil supérieur à la fin de décembre 1878.

LE MÊME SÉNATEUR A DROITE. Parce que vous ne l'avez pas fait renouveler! (Exclamations à gauche.)

M. LE MINISTRE. Supprimer les livres!... Mais, en présence de livres faits dans cet esprit, croyez-vous que la suppression, que l'interdiction de ces livres soient un remède? A l'heure qu'il est, soyez persuadés que les livres ont disparu et qu'une seconde inspection ne nous fera plus mettre la main sur ces ouvrages détestables. (Nouvelles marques d'approbation à gauche.)

C'est que, messieurs, derrière les livres, à côté des livres, il y a les maîtres...

UN SÉNATEUR A DROITE. Oui! les suspects!

M LE MINISTRE... et que pensez-vous — je parle aux hommes de la société moderne, à ceux qui, dans cette enceinte, pensent comme moi sur les grandes choses de 89,— que pensez-vous et que pouvez-vous penser des maîtres qui non seulement commentent ces livres, commentent et expliquent ces cahiers, mais qui les font? Je vous ai, en effet, montré que ces livres et ces cahiers sont de production et de fabrication essentiellement jésuitique. (Interruptions à droite.)

UN SÉNATEUR A DROITE. Non pas M. Chantrel.

UN AUTRE SÉNATEUR A DROITE. Ni M. l'abbé Courval.

M. LE MINISTRE. C'est une véritable dérision, lorsqu'on se trouve en face d'une congrégation aussi fortement constituée que celle que je mets en accusation devant vous (Ah! ah! à droite.), de dire qu'il suffit de lui interdire des livres pour changer le caractère de son enseignement. Mais enfin, est-ce que vous êtes surpris que l'enseignement de l'histoire dans les écoles des jésuites ait ce caractère? est-ce que les jésuites datent d'hier? Ne mettent-ils pas leur honneur à rester tels qu'ils sont et tels qu'ils ont toujours été?

Est-ce que leur devise : *sint ut sunt, aut non sint*, n'est pas toujours la même? leurs doctrines se sont-elles modifiées?

C'est là la force et la grandeur de cet ordre illustre; c'est là sa puissance; c'est la raison de ses progrès, de ses succès, dont je m'alarme pour la société et pour la liberté modernes.

C'est la perpétuité de ses doctrines! de ces doctrines qui, je le répète, n'ont pas changé, qui sont restées la négation de la société dans laquelle nous vivons, de sa grandeur, de sa sécurité, de son avenir, auxquels vous vous consacrez tous. Ces doctrines sont, par leur essence, toujours les mêmes, oui! ce sont toujours les mêmes jésuites que le Parlement de Paris frappait en 1762... (Exclamations à droite.)... non pas, messieurs, pour tous ces griefs de théologie, plus ou moins fantastiques, sur lesquels vous pouvez, à l'heure qu'il est, vous égayer, et que je n'ai garde de relever ici. Mais pourquoi les frappait-on?

C'est l'arrêt de 1826, l'arrêt de la Cour de Paris qui le rappelait, reliant ainsi le dix-huitième siècle au dix-neuvième siècle, et déclarait que ces arrêts et ces édits étaient fondés sur l'incompatibilité reconnue entre les principes professés par cette société et l'indépendance de tous les gouvernements, principes bien plus incompatibles encore avec la Charte!

Eh bien, messieurs, je dis que ces principes qui mirent en émoi la société au dernier siècle, qui ont été combattus avec une si louable et si glorieuse énergie par les légistes depuis trois cents ans, et que la monarchie n'a pu tolérer ni avant, ni depuis 1789, sont restés immuables ; ils sont professés, je ne dirai pas avec la même audace, mais avec plus d'audace qu'au dernier siècle. (Vive approbation à gauche.)

L'honorable M. Buffet disait dans son discours :

« Mais qu'est-ce donc que le parti clérical, comment l'entendez-vous ? Ah ! si vous entendez, par parti clérical, le parti théocratique, c'est-à-dire un parti qui voudrait donner le gouvernement de l'Etat au clergé !... Mais il n'y a pas un seul catholique dans ce parti-là. »

Le parti théocratique, messieurs, soit, j'admets cette appellation, cette définition du parti clérical. Oui, le parti clérical, c'est le parti de la théocratie, mais non point de cette théocratie grossière que vous définissiez en disant : Le clergé gouvernant l'Etat, le pape prenant la place des rois ou des chefs de républiques, le curé à la place du maire et les évêques à la place des préfets.

Oh ! la théocratie de notre temps ! la théocratie même des temps anciens, n'a jamais pris pareille figure.

Votre ironie, monsieur Buffet, s'est raillée un peu de notre inexpérience. (Sourires approbatifs à gauche.) Nous connaissons l'histoire du passé, et nous savons l'histoire du présent ; c'est une autre théocratie que nous redoutons, non pas une théocratie directe, mais celle que les jésuites eux-mêmes ont parfaitement définie, dans la thèse du pouvoir indirect.

M. LE BARON DE LAREINTY. Procès de tendance ! Toujours la même chose.

M. LE MINISTRE. C'est là la prétention théocratique ; c'est là l'ambition théocratique ; c'est là la doctrine que la Cour de Paris, en 1826, déclarait incompatible avec le principe de tout gouvernement.

C'est une thèse qui supprime et dénie au gouvernement temporel sa légitime indépendance. (Très bien ! et applaudissements à gauche.)

Messieurs, cette thèse est infiniment plus subtile et, par conséquent, plus redoutable que celle que l'on s'est plu à combattre si dédaigneusement l'autre jour.

La cour de Rome, qui a les plus grandes et les plus savantes traditions politiques et diplomatiques du monde, n'a jamais, même au temps des Boniface et des Grégoire VII, soutenu la thèse du pouvoir direct ; elle n'a jamais mis en avant que la thèse du pouvoir indirect.

Vous parler de tout cela, il semble que ce soit vous entretenir de distinctions usées et d'anciennes querelles. Pourtant, cette thèse du pouvoir indirect, elle s'étale dans la presse qui prend directement ses inspirations auprès de la compagnie de Jésus.

Elle s'étale dans le fameux journal que vous connaissez tous, la *Civilta Catolica* de Rome ; elle s'y étale dans des termes qui m'autorisent à dire qu'on n'osait pas aller si loin autrefois et qu'on y mettait plus de mesure.

Voici, par exemple, un article de ce journal, qui est de 1869, et que M. Buffet ne vous a pas cité. Vous allez voir avec quelle netteté la doctrine se produit, et vous verrez tout à l'heure qu'il n'est pas indifférent de vous lire un article d'un journal italien :

VOIX A DROITE. Lisez! lisez!

M. LE MINISTRE. « L'on ne peut dire que le pouvoir temporel ait qualité pour s'immiscer dans les affaires religieuses, lorsque celles-ci sont en contradiction avec l'ordre civil et politique... car ce n'est pas l'Eglise qui est subordonnée à l'Etat, mais au contraire c'est l'Etat qui est subordonné à l'Eglise.

« L'Etat ne saurait donc exercer un pouvoir même indirect sur l'Eglise; au contraire l'Eglise a une autorité indirecte sur l'Etat, en ce qui concerne l'ordre purement civil. Elle peut réformer ou annuler les lois civiles et les sentences des tribunaux dans l'ordre temporel lorsque ces lois et ces sentences sont contraires au bien spirituel; elle peut réprimer l'abus du pouvoir exécutif et militaire, ou en interdire l'exercice si la défense de la religion chrétienne le commande. Le tribunal de l'Eglise est supérieur aux tribunaux temporels; or, un tribunal supérieur peut réviser les sentences d'un tribunal inférieur, tandis que celui-ci ne pourra en aucun cas réviser les sentences d'un tribunal supérieur; à l'égard des sentences des tribunaux, l'on doit observer la règle établie par Boniface VIII, dans la bulle dogmatique *Unam sanctam.* »

Messieurs, la *Civilta catolica*, cet organe ultramontain, ne peut vous être étrangère, car ses rédacteurs sont en passe de devenir, les uns après les autres, professeurs en France, oui, messieurs, professeurs dans nos facultés de théologie, et l'un des principaux rédacteurs de la *Civilta catolica*, le R. P. Bottala, était encore dernièrement professeur à la faculté libre de théologie de Poitiers. Il y a fait traduire un livre dont je recommande la lecture à toutes les personnes qui s'intéressent à ces questions.

Ce livre est intitulé : *De la souveraine et infaillible autorité du pape dans l'Eglise et dans ses rapports avec l'Etat*, et c'est le développement, en deux forts volumes, des doctrines que vous venez d'entendre résumées dans un court extrait de la *Civilta.*

Le R. P. Bottala est en situation, avec plusieurs autres Pères, de former, à l'heure qu'il est, et d'élever dans ces doctrines ultramontaines, une grande partie du jeune clergé français.

Du reste, pourquoi chercher dans des documents étrangers à cette enceinte, étrangers à nos débats? Est-ce que vous n'avez pas vu se produire, ici même, il y a quelques jours, cette thèse du pouvoir indirect, avec une franchise, une sincérité, — je dirais presque avec une candeur qui vous a tous frappés, — dans un discours de l'honorable M. Lucien Brun?...

UN SÉNATEUR A DROITE. Vous ne l'avez pas compris.

M. LE MINISTRE. Oh! je n'ai pas compris, nous allons voir!

J'ai repris ce discours, j'en ai extrait — en les dépouillant des formes éloquentes dont elles sont revêtues — les principales propositions. Voulez-vous me permettre de vous en faire toucher du doigt la portée extrêmement redoutable? (Oui ! oui ! — parlez ! à gauche.)

« Nous parlons des droits de l'Etat, mais nous parlons aussi des droits de l'Eglise, — dit l'honorable M. Lucien Brun. — Ne les poussons-nous pas trop loin? Nous disons que l'Etat doit à l'Eglise sa pleine indépendance pour l'exercice de sa mission spirituelle : » — d'accord ! — « Qu'il lui doit pour cet exercice non seulement la liberté, mais la protection, qu'il ne peut rien faire légitimement de contradictoire non seulement aux principes du droit naturel, mais encore aux vérités révélées ; que les déistes, les protestants, les catholiques égarés par l'utopie libérale, se trompent quand ils ne veulent d'aucun privilège pour l'Eglise et ne demandent pour elle que le droit commun des associations auxquelles l'Etat donne ou refuse le caractère public. »

« L'Eglise, — vous l'avez dit encore — n'est pas seulement égale à l'Etat, mais elle est dirigeante, l'Etat subordonné ; et lorsqu'une question touche au domaine spirituel, à la liberté de conscience, à la loi morale, l'autorité spirituelle la juge seule et sans appel. » (Approbation ironique à gauche.)

Voilà le point délicat et décisif; voilà la caractéristique de la théocratie, voilà la vraie doctrine ultramontaine et cléricale. (Protestations à droite. — Ce n'est qu'une doctrine !)

Cela a l'air d'une abstraction ; c'est de la métaphysique.

M. Lucien Brun. C'est de la philosophie !

M. le ministre. Mais les conséquences pratiques arrivent d'elles-mêmes. Vous avez entendu ici une étrange théorie sur la validité du mariage, théorie qui aboutit tout simplement à arracher ce contrat fondamental de la famille à l'autorité civile pour en remettre la libre disposition à l'autorité religieuse. (Protestations à droite. — A gauche : Parfaitement ! — C'est très vrai !)

M. Foucher de Careil. Vous ne pouvez pas le nier !

M. Lucien Brun. J'ai dit directement le contraire.

M. le ministre. C'est cette théorie qu'on appelait autrefois et qu'on pourrait appeler de nouveau celle de l'ultramontanisme indirect.

J'ai trouvé, messieurs, un écrit peu connu, mais très distingué, signé par un des membres les plus éminents de cette Chambre, qui était très jeune alors, qui promettait beaucoup et qui a tenu tout ce qu'il avait promis.

Parlant, dans la *Revue nouvelle* de 1845, des idées ultramontaines et des formes nouvelles qu'elles revêtaient, s'élevant avec beaucoup d'énergie contre les philosophes sceptiques qui disaient : Que nous importent ces vieilleries théologiques? M. le prince Albert de Broglie, — car c'était bien lui, — qualifiait comme il suit, en véritable politique, la théorie de l'ultramontanisme indirect apportée à la tribune par M. Lucien Brun.

Il appelait cela « une tentative pour introduire, en quelque sorte, la religion dans le domaine temporel par une porte de derrière ».

« L'ultramontanisme indirect, disait-il, commençait par protester de son respect pour le pouvoir temporel, puis, quand il fallait en venir à déterminer ses attributions, il tenait toujours une subtilité en réserve pour faire rentrer, l'un après l'autre, sous la main du pouvoir spirituel tous les actes des citoyens, toutes les dispositions législatives... Quel est, en ce monde, le débat imaginable où une question de conscience ne puisse être introduite? De cette manière, le pouvoir temporel, incessamment réduit, finissait par s'en aller en fumée. Tout, sous sa main, devenait matière spirituelle, comme tout devenait or sous la main de Midas. Portalis flétrissait ces sophismes dans les termes suivants :

« Les lumières que nous recevons de la morale chrétienne ne sont certainement pas un principe de juridiction pour l'Église ; sinon, il faudrait dire que l'Église a le droit de tout gouverner puisqu'elle a une morale universelle qui s'étend à tout et qui ne laisse rien d'indifférent dans les actes humains. Ce serait renouveler les anciennes erreurs qui, sur le fondement que toutes les actions avaient des rapports avec la conscience, faisaient de cette relation un principe d'attraction universelle pour tout transporter à l'Église. »

« C'est précisément, ajoutait M. le prince Albert de Broglie, ce qu'on essaie encore de nos jours. Le prétexte, c'est de laisser à la religion le soin de déterminer ses propres conséquences. Puisqu'on renouvelle les anciennes erreurs, on peut bien trouver bon que, de notre côté, nous renouvelions les anciennes défenses. »

Eh bien, je crois qu'il est plus que jamais temps, pour la vigilance de M. de Broglie, de songer à renouveler et à fortifier les anciennes défenses, car ces doctrines, qui paraissent inoffensives quand on les voit sur les hauteurs de la métaphysique et de la théologie, ont des applications directes à l'état social. Vous en avez vu la première application, capitale celle-là, aux lois qui règlent le mariage.

M. Lucien Brun. J'ai demandé la liberté.

M. le ministre. Vous avez vu ce que dans la faculté catholique de Lyon on enseigne, conformément à la tradition ultramontaine et jésuitique... (Interruptions à droite.)

M. le président. N'interrompez pas, messieurs; vous répondrez.

M. le ministre... et vous avez vu à quelle école on est en train de former vos magistrats.

Mais, messieurs, les idées font leur chemin.

J'ai pu vous citer quelques pages d'un cours fait à Lyon par l'honorable M. Lucien Brun : c'est pour les aspirants magistrats.

Mais voici quelque chose de plus pratique à l'usage de l'enseignement primaire supérieur; il est destiné à modifier les idées de la classe moyenne. C'est un livre intitulé : *Cours de législation usuelle...*

Plusieurs sénateurs a droite. Quel est l'auteur ?

M. le ministre. Ce cours de législation usuelle appartient aux publications...

Voix a droite. Ce n'est pas d'un jésuite !

M. LE MINISTRE. Non, ce n'est pas d'un jésuite, mais d'un écrivain qui professe les doctrines de la compagnie de Jésus... (Exclamations sur les mêmes bancs.)... et qui est chargé d'initier la jeunesse à ces doctrines.

UN SÉNATEUR AU CENTRE. Il pourra encore professer même après le vote de l'article 7.

M. PARIS. Alors, après les jésuites, vous supprimerez les écrivains !

M. LE MINISTRE. Je réponds en ce moment à une objection qui consisterait à dire : C'est de la métaphysique, c'est de la théologie, cela n'entre point dans l'intérêt de l'État et vous n'avez pas à nous en entretenir. Je réponds à cette objection par des faits ; je prouve que ces doctrines sont entrées en France, qu'elles ont pris possession de vos facultés catholiques, et qu'elles sont en train de prendre possession de ces nombreux établissements d'enseignement spécial que les jésuites, ou les corporations qui leur sont affiliées, font fleurir sur une grande partie du territoire. (Rumeurs à droite.)

Pour ces établissements, il y a à Paris une entreprise considérable, que l'honorable M. Chesnelong connaît bien, c'est l'alliance des maisons d'éducation chrétienne. Chez le libraire, si connu aussi, qui est l'organe et l'instrument de cette alliance des maisons d'éducation chrétienne, se trouve ce cours de législation usuelle « conforme au programme du 6 avril 1866 ». Dans ce manuel de droit destiné aux classes moyennes, aux ouvriers qui sont en train de venir à la bourgeoisie, voici, par exemple, la doctrine sur le mariage :

« Le mariage est la source de la famille et la famille est la base de la société. Le mariage est donc une grande chose, et Jésus-Christ en a fait un sacrement qui sanctifie l'alliance de l'homme et de la femme. La Révolution, qui s'est fait gloire de se séparer de Dieu, n'a pas craint de déclarer que la loi ne devait considérer le mariage que comme un contrat purement civil, où la religion n'a rien à voir ; elle a établi une séparation complète entre la loi civile et la loi religieuse, séparation condamnée par l'Eglise et dont les conséquences sont désastreuses.

« Nous définirons, en nous plaçant au point de vue du code civil, le mariage : « La société de l'homme et de la femme qui s'unissent pour perpétuer leur espèce, pour s'aider, par des secours mutuels, à supporter le poids de la vie, et pour partager leur commune destinée. »

Et l'auteur ajoute :

« Cette définition tout animale... (Rires à gauche) est de Portalis, l'un des rédacteurs du code civil. Espérons que, dans peu de temps, il viendra un gouvernement chrétien qui aura le courage de substituer à nos lois païennes un code civil en harmonie avec l'enseignement de l'Eglise et avec la raison ! » (Très bien ! très bien ! à gauche. — Protestations à droite.)

Quant à la puissance paternelle, il est naturel que l'écrivain ultramontain la trouve beaucoup trop restreinte. Ecoutez ce qu'il dit des successions.

Ce qui caractérise le péril de ces doctrines, Messieurs c'est qu'elles s'insinuent avec timidité, avec simplicité, si vous voulez, à l'abri de principes de droit qui sont véritablement la banalité de la science, comme des gouttes d'eau qui tombent l'une après l'autre et qui finissent par laisser leur trace. (Interruptions à droite. — A gauche : Ecoutez ! écoutez !)

« La succession est la transmission de l'universalité des biens et dettes du défunt, d'une personne décédée, à une personne survivante, que la loi appelle à les recueillir. La succession est testamentaire lorsque cette transmission se fait en exécution du testament du défunt qui la règle ; la succession est *ab intestat*, lorsque le défunt n'a pas de testament ; alors cette transmission est réglée par la loi.

« Nous ne nous occupons dans tout ce chapitre que des successions *ab intestat*, et nous examinerons dans le chapitre des testaments les successions testamentaires.

« Le programme ministériel, auquel nous nous conformons au point de vue de l'ordre à suivre dans ce livre, affirme que le principe de l'égalité dans les partages est la base sur laquelle repose le droit de succession en France, — ce qui est vrai, — et que l'égalité est conforme au vœu de la nature, — ce qui est faux ; loin de nous la pensée de commencer ici une discussion sur cette grave question ; le cadre de cet ouvrage ne nous le permet pas. Nous nous contenterons de constater que le principe de la liberté testamentaire fait son chemin, lentement, mais sûrement, comme toutes les idées justes. » (Bruit à droite.)

M. LE DUC DE BROGLIE. Alors, fermez la bouche à M. Le Play ! (Nouveau bruit.)

M. DEMOLE. C'est une liberté de plus !

M. EUGÈNE PELLETAN. La liberté du père de famille !

M. LE MINISTRE. Et puis, comme le programme de droit usuel s'étend non seulement au droit privé, mais au droit politique ; voici ce qu'on a dit à l'article : « Souveraineté nationale », par exemple :

« Nous avons étudié, en commençant, l'origine du pouvoir ; nous avons vu qu'il n'y a point de puissance qui ne vienne de Dieu, que ce pouvoir mis par Dieu dans la nation est dévolu par la nation à tel roi à tel empereur, à tel président de République.

« Voilà le principe de la souveraineté nationale, tel que l'entend l'Eglise catholique : comme le dit très justement M. Auguste Nicolas, pour le pouvoir le peuple nomme, mais la vertu qui valide le commandement et qui honore l'obéissance est de Dieu ; le peuple plante, Dieu fournit la vertu qui fait croître l'arbre. »

VOIX A DROITE. Eh bien?

M. LE MINISTRE. « Les révolutionnaires entendent autrement ce principe : pour eux, « le peuple est souverain » ; il n'a pas besoin d'avoir raison pour valider ses actes, il a toujours le droit de changer ses lois et ses princes, même les meilleurs, par cela seul qu'il le veut ; c'est la Révolution en permanence.

« Les lois rendues depuis 1789 en ont tiré deux conséquences :

1° Gouvernement du pays par le pays lui-même, principe appliqué à l'institution du suffrage universel, que nous sommes tenés d'appeler une institution fâcheuse ; (Bruit à droite. — Rires à gauche.) ; 2° jugement du pays par le pays, mis à exécution par l'institution du jury, plus fâcheuse encore (Nouveaux rires à gauche) ; ce qui le prouve, c'est que tous les révolutionnaires en demandent l'application à tous les degrés de juridiction. »

Voici maintenant pour la liberté de conscience et des cultes ; elle a aussi sa part :

« Nul ne doit être inquiété pour ses opinions religieuses, pourvu que leurs manifestations ne troublent pas l'ordre public ; chacun professe sa religion avec une égale liberté, et obtient pour son culte la même protection. »

Tel est le principe.

Il en découle quatre règles, que le savant doyen de la faculté de Poitiers formule ainsi :

« 1° La liberté absolue de conscience, ou liberté illimitée en matière de foi.

« 2° Sécularisation de l'état des personnes.

« Il en résulte :

« 1° Que les actes de l'état civil sont tenus par des fonctionnaires laïques.

« 2° Que le mariage aux yeux de la loi n'est qu'un contrat purement civil, absolument comme une vente, un bail ou une hypothèque, et que le mariage religieux n'est rien pour le code civil.

« 3° Droit de police de l'Etat sur l'exercice public des cultes, ou liberté limitée du culte extérieur.

« 4° Intervention de l'Etat dans l'organisation des cultes. De là le Concordat et les articles organiques, sur lesquels nous reviendrons.

« Ce principe de la liberté de conscience et des cultes est condamné par l'Église : « Un catholique, dit Mgr de Parisis, évêque d'Amiens, peut-il, sans manquer à sa foi, vouloir affranchir les consciences de l'autorité de l'Eglise? Non, jamais. Peut-il professer ou croire que les différents cultes, dans leurs rapports avec Dieu et le salut des âmes, méritent une égale protection ? Non, jamais.

« L'Etat, en accordant à tous les cultes la même protection, en accordant à l'erreur les mêmes droits qu'à la vérité, se montre officiellement athée. Il devait déclarer que la religion catholique est la religion de l'Etat, et que les cultes (ou du moins certains autres cultes) seraient tolérés. » (Agitation à droite).

A GAUCHE. Voilà l'idéal !

M. LE MINISTRE. Enfin, un peu plus loin, il est traité du Concordat, des articles organiques et de l'appel comme d'abus ; vous savez quelles sont, sur ces divers points, les doctrines qui règnent dans l'école. Elles sont très soigneusement, énergiquement et habilement exposées dans ce petit livre.

A DROITE. Lequel ?

M. LE MINISTRE. Ce livre est de M. Fernand Paulmier, avocat, professeur de législation usuelle à l'institution libre de Notre Dame des-Dunes, à Dunkerque.

Il professe ces doctrines dans un établissement congréganiste du département du Nord.

Il n'est pas permis de traiter par le dédain du sceptique cette invasion nouvelle, ce siège en règle des principes fondamentaux de la société moderne par la compagnie de Jésus et par ses disciples.

Ce sont choses graves, messieurs ! Ce sont des idées qui pénètrent, qui, à la faveur de la liberté d'enseignement, font leur chemin. Ce sont d• véritables périls (Exclamations à droite) dans l'éducation de la jeunesse catholique. Je serais très surpris, je l'avoue, d'entendre contester cette assertion par l'honorable sénateur auquel je réponds, par M. Buffet ; car je serais obligé de lui rappeler qu'il a appartenu à un ministère qui a peu duré, mais qui a jeté de l'éclat et dont l'honorable M, Buffet s'est d'ailleurs retiré à temps, le ministère du 2 janvier 1870, et que ce ministère s'est trouvé, dans les premières semaines de son existence, en présence des mêmes doctrines que je signale ici, et dont je cherche à vous faire apercevoir le danger.

Un jour, le cabinet des Tuileries, dans lequel l'honorable M. Buffet occupait alors une place éminente, apprit, par les indiscrétions des journaux allemands, que la doctrine du pouvoir indirect, de l'ultramontanisme indirect, que j'ai cherché à définir tout à l'heure, était sur le point d'être proposée comme article de foi au concile alors réuni au Vatican. Elle constituait en effet le 15e chapitre du *Schema de Ecclesia*, qui avait été distribué aux pères du concile par les soins de la sainte congrégation du concile, à laquelle appartiennent, comme vous le savez, un très grand nombre de membres éminents de la société de Jésus.

Est-ce que, à ce moment, le gouvernement impérial, qui était un gouvernement fort, et ce cabinet, qui était un cabinet libéral et catholique, firent la sourde oreille ? Est-ce qu'ils songèrent à se croiser les bras, à laisser faire cette métaphysique, cette théologie ?

Non, messieurs : le gouvernement intervint avec la plus grande énergie, et il ne fut pas le seul ; car, aussitôt que parurent les articles du *Schema de Ecclesia*, qui ne sont autre chose que la formule jésuitique de l'ultramontanisme indirect, aussitôt qu'ils furent connus par les indiscrétions des journaux bavarois, tous les gouvernements, tous les hommes d'Etat d'Europe, depuis lord Clarendon jusqu'à M. de Beust, l'homme éminent qui a rendu deux fois service à la monarchie autrichienne, d'abord en la délivrant du concordat de 1855 et ensuite en la dotant d'une constitution, et jusqu'au premier ministre de Bavière, M. le prince de Hohenlohe ; tous entendirent ce coup de cloche, si vous me permettez cette expression, qui annonçait le retour offensif de doctrines qu'on croyait condamnées et vaincues, et qui allaient se manifester avec tout l'éclat, l'appareil et la puissance d'un concile œcuménique.

Et qu'avez-vous fait alors, messieurs les membres du cabinet du 2 janvier? Vous avez envoyé à la cour de Rome un mémorandum qui est à votre honneur. Dans ce mémorandum, d'une part, vous résumiez avec la plus grande clarté, la plus grande force la doctrine nouvelle et, d'autre part, vous montriez par des raisonnements saisissants, en quoi cette doctrine avait trait à la liberté et à la prospérité de l'Etat.

Le mémorandum de M. Daru est peu connu. Il a été, je crois, publié pour la première fois dans le livre de M. Emile Ollivier sur le concile du Vatican ; c'est un des documents les plus intéressants de la question qui nous occupe en ce moment-ci, et qui n'est pas autre chose, entendez-le bien, qu'une branche de la question des rapports entre l'Etat et l'Eglise. (Interruption à droite. — Lisez! lisez! à gauche.)

« C'est pour conserver ces rapports que nous demandons instamment à la sagesse du souverain pontife et des Pères du concile, d'écarter du *Schema de Ecclesia* tout ce qui, dans le texte publié et non désavoué, aurait, nous le craignons, les plus graves conséquences sur l'ordre légal et sur l'ordre social de tous les Etats de l'Europe. Plus on examine, en effet, la doctrine résumée dans ce document, moins il est possible de méconnaître que cette doctrine, au fond, équivaut à la subordination complète de la société civile à la société religieuse.

« Nous désirons que des explications plausibles ou des modifications heureuses nous permettent de donner à ces projets de résolution une interprétation différente. Mais dans l'état présent des choses, à moins de refuser aux mots leur sens naturel et vrai, on ne peut se soustraire à cette conviction que le *Schema de Ecclesia* aurait pour but et pour objet de rétablir dans le monde entier l'ascendant de doctrines subordonnant à l'empire du clergé la société civile.

« En effet, suivant les dispositions que ce *Schema* renferme et sous la sanction redoutable de l'anathème, l'infaillibilité et l'autorité de l'Eglise doivent s'étendre non seulement aux vérités transmises par la révélation, mais à toutes celles qui peuvent paraître nécessaires pour défendre le dépôt de la tradition. En d'autres termes, cette infaillibilité et cette autorité n'ont de limites que celles que l'Eglise leur enseigne, et tous les principes de l'ordre civil, politique, scientifique, rentrent directement ou indirectement dans leur compétence.

« C'est dans ce champ à peu près illimité que s'exercerait le droit pour l'Eglise de rendre des décisions et de promulguer des lois obligeant la conscience des fidèles, indépendamment de toute confirmation de l'autorité politique, et même en opposition directe avec les lois émanées de l'autorité politique.

« C'est dans ce domaine, dont l'Eglise seule paraît devoir fixer les bornes, que les canons lui attribuent un pouvoir complet, à la fois législatif, judiciaire et coercitif, applicable aussi bien au for extérieur qu'au for intérieur, pouvoir dont il serait même permis à l'Église d'assurer l'exercice par des peines matérielles, et auquel les princes et les gouvernements chrétiens seraient tenus de prêter leur concours en châtiant tous ceux qui essayeraient de s'y soustraire.

« Il est évident que, si de tels principes étaient appliqués, les gouvernements ne conserveraient de puissance et les sociétés civiles de liberté, que la puissance et la liberté qu'il conviendrait à l'Eglise de leur laisser. Leurs droits les plus essentiels, les fondements de leur législation civile en matière de propriété, de famille, d'enseignement, pourraient être mis tous les jours en question par l'autorité ecclésiastique » (C'est cela! — Très bien! à gauche.)

Et comme vous répondiez mieux que je ne le pourrais faire à cette objection facile et banale qui se formule ainsi : — Que nous font tout ce dogmatisme et toute cette théologie? La société moderne est assez puissante pour se défendre par ses propres forces! Ce sont là des principes abstraits. — C'est ce que disait l'autre jour M. Chesnelong, et ce qu'a répété M. Lucien Brun. Or voici comment vous répondiez à l'objection :

« On nous a dit, il est vrai, ajoutait M. Daru, que l'Eglise déclare des vérités abstraites, mais n'exige pas qu'on les applique. Si ces doctrines sont en désaccord avec les lois existantes, ce désaccord, dit-on, porte uniquement sur les principes; en fait, elles s'accommodent de toutes les formes de gouvernement, de toutes les législations.

« Une pareille déclaration ne suffirait pas pour nous rassurer. Peut-on, en effet, admettre que, demain, dans 40,000 paroisses de France, on enseignera aux hommes qu'ils sont libres de faire ce qu'ils ne sont pas libres de croire; qu'on doit penser d'une manière, que l'on peut agir de l'autre? Cette distinction infligerait aux consciences délicates les plus douloureuses tortures. Nous avons trop de respect pour l'Eglise, nous avons une trop haute idée de sa puissance pour admettre un tel argument.

« Nous sommes convaincus qu'elle fait et veut faire une œuvre sérieuse, et que, par conséquent, elle tendra toujours à faire entrer dans la pratique les maximes qu'elle aura inscrites dans les croyances comme des vérités immuables. Nous ne saurions admettre que le plus vénérable des pontifes ait réuni autour de son trône tous les évêques de la catholicité pour rédiger et promulguer des lois stériles, pour prendre des résolutions vaines. (A gauche : C'est très juste!)

« On ajoute que ces maximes ne sont pas nouvelles... (Bruit à droite.)... qu'elles reproduisent simplement les dogmes d'un enseignement théologique ancien... » (Réclamations sur les mêmes bancs.)

M. LE BARON DE RAVIGNAN. C'est de la théologie!

M. LE MINISTRE. Vous me faites l'objection prévue : C'est de la théologie. Voici la réponse :

« ... que le monde ne doit pas en être étonné, puisque l'Eglise a toujours le même langage. Nous le reconnaissons : ce n'est pas d'aujourd'hui que ces doctrines font leur apparition au milieu des sociétés; elles y ont été présentées à d'autres époques, à plusieurs reprises. Mais toute l'histoire atteste qu'elles n'ont jamais été acceptées sous cette forme et dans leur ensemble par aucun souverain ni par aucune nation, même dans les temps où la foi catholique régnait sans partage.

Toujours et partout l'indépendance absolue du domaine temporel et de l'autorité souveraine a été énergiquement revendiquée par un clergé national. »

Messieurs, il faut, en effet, dans cet ordre d'idées, prendre un grand parti : ou bien il faut considérer la théologie comme absolument indifférente, les décrets promulgués par les conciles et par la papauté comme n'ayant aucune espèce d'intérêt pour l'Etat, et, se confiant dans la force de l'Etat, dans la force du suffrage populaire, appliquer alors dans toute sa largeur un principe qui n'est pas le mien, mais qui est celui d'une école démocratique, le principe de la séparation de l'Eglise et de l'Etat.

Si l'on est indifférent à ces choses, si l'on trouve que les doctrines professées, restaurées, enseignées avec l'autorité d'une compagnie puissante et qui est en train d'accaparer une grande partie de la jeunesse française, si l'on croit que l'installation, la prédication de ces doctrines, au sein de notre société, est chose indifférente et que l'Etat n'a pas à s'en préoccuper, alors il faut aller jusqu'au bout de son principe et proclamer résolument la séparation de l'Eglise et de l'Etat.

Mais quand on estime, comme l'auteur du *Memorandum*, qu'il n'est pas indifférent à l'Etat de savoir ce qu'on prêche, tous les jours, dans les quarante mille églises de France (Très bien ! à gauche.), alors, il faut suivre les traditions de ceux qui nous ont précédés.

On peut, je le répète, ne pas gouverner cet ordre de choses, c'est-à-dire, laisser dire, laisser aller. C'est là un système. C'est celui qui a prévalu chez nos voisins, dans la libérale et noble Belgique, si agitée, si profondément troublée par le conflit, — sur une matière d'enseignement, messieurs ! — entre l'autorité civile et l'autorité ecclésiastique, conflit si profond, si redoutable, que la sagesse d'un pape, qui est le plus sage des pontifes... (Interruptions à droite), et d'un gouvernement, admirablement sage aussi, s'épuise à éteindre l'incendie et n'y réussit pas. Dans ce système, il faut se résigner au sort de la Belgique, que je ne veux à aucun prix pour mon pays. (Très bien ! très bien ! Applaudissements à gauche.)

Que si, au contraire, vous voulez vous défendre, il ne faut pas dédaigner les anciennes armes et ne pas dire qu'elles sont rouillées ou qu'elles ne sont plus à notre usage ; il faut les reprendre et, en face d'ennemis plus redoutables, plus audacieux que jamais, ne pas hésiter à user de ces armes que la monarchie de Juillet et le gouvernement de Charles X avaient jugé bon d'employer contre eux. (Nouveaux applaudissements sur les mêmes bancs.)

J'aurais encore beaucoup à dire sur ce sujet (Parlez ! parlez !) ; j'aurais à vous montrer la doctrine des jésuites, non point dans les vieux livres latins où on est allé souvent la chercher, mais dans ses productions contemporaines. Les jésuites, pour leur malheur, je le crois, ont cessé d'écrire en latin (Rires à gauche), ils écrivent aujourd'hui en français, et ils ont depuis vingt-quatre ans une revue qui s'appelle : *Etudes religieuses, philosophiques, historiques et littéraires, par des pères de la compagnie de Jésus.*

Là, en toutes lettres, visage découvert, avec une grande dépense d'arguments, sinon de talent, les pères de la compagnie de Jésus, ceux-là même qui sont à la tête des grands établissements d'enseignement secondaire, qui siègent dans les facultés catholiques, par exemple le père Ramière, le père Desjardins, qui étaient, l'année dernière, professeurs de droit à la faculté catholique de Toulouse ; le père Marquigny, qui est l'orateur préféré des congrès et des comités catholiques, — tous enfin, — le directeur de la grande école de Lille, tous les hommes les plus éminents de la compagnie de Jésus, viennent là tous les mois, périodiquement, à jour fixe, consigner les doctrines de la compagnie, c'est-à-dire la haine profonde de la Révolution de 1789, du libéralisme, de tout ce que vous aimez, tout ce que nous défendons, tout ce que nous avons reçu mission de défendre. (Lisez! lisez! à droite. — Exclamations à gauche.)

Je vous lirais, si je ne craignais de prolonger ce débat... (Lisez! à droite.)... leur opinion sur la liberté de l'enseignement, leurs doctrines sur l'éducation... (Lisez! à droite.) Le voulez-vous? (Oui, oui! sur les mêmes bancs. — Bruit prolongé.)

M. LE MINISTRE LISANT : « Résumons, et, en formulant dans cinq ou six propositions toute cette doctrine des droits de l'Eglise sur l'éducation, nous mettrons le lecteur mieux en état de juger de sa force et de son étendue.

« Premièrement... » Je dédie ceci aux partisans de la liberté de l'enseignement. — « Premièrement. L'éducation des clercs destinés aux fonctions ecclésiastiques est le droit exclusif de l'Eglise. »

« Elle règle seule tout ce qui a rapport, soit à l'érection des séminaires, soit à leur discipline intérieure, à la nomination des maîtres, à l'enseignement des lettres et des sciences, à une bonne éducation des élèves et à leur admission dans le corps ecclésiastique.

« 2° L'Eglise respecte absolument le droit des familles de donner à leurs enfants une éducation particulière, par qui et de la manière qui leur semble préférable. Elle fait seulement aux parents chrétiens une obligation de conscience de veiller à ce que cette éducation soit religieuse et conforme à la foi qu'ils professent.

« 3° La surveillance et la direction des écoles publiques, tant de celles où l'on instruit la masse du peuple des premiers éléments des connaissances humaines, que des autres où se donne l'enseignement secondaire ou supérieur, appartiennent en propre à l'Eglise catholique. Elle seule a le droit de veiller à une bonne tenue de ces écoles sous le rapport moral, d'approuver les maîtres qui y instruisent la jeunesse, de contrôler leur enseignement et d'écarter, sans recours possible à une autre autorité, ceux dont la doctrine et les mœurs seraient contraires à la pureté de la doctrine chrétienne.

« 4° A la condition de pouvoir garantir une foi pure, des mœurs irréprochables, et la science suffisante, toute liberté est laissée aux particuliers, ecclésiastiques et laïques, séculiers et réguliers, de se dévouer au ministère de l'enseignement et de l'éducation de la jeunesse, de former des associations dans ce but, de fonder des académies et des universités, où l'on enseigne toutes les sciences et qui se gouvernent elles-mêmes pour leur discipline intérieure, le choix des maîtres et le règlement des études, programmes, examens, etc... L'Eglise n'entend exercer à leur égard que son droit de surveillance au point de vue de la morale et de l'intégrité de la foi. »

M BUFFET. Ce n'est pas du nouveau ; ils tiennent tous le même langage.

M. LE MINISTRE. « 5° L'Eglise, non seulement ne refuse pas le concours de l'Etat dans l'éducation, mais elle le sollicite, au contraire, toutes les fois que l'initiative privée et ses propres ressources ne suffisent pas à étendre l'enseignement, à vulgariser l'instruction, autant qu'elle le souhaite et qu'il est utile pour le bien des peuples. Elle fait alors appel aux communes, aux provinces, à la nation, pour que partout l'accord des deux pouvoirs, par l'union du pouvoir de l'Etat et de l'autorité spirituelle de l'Eglise, soit en mesure de fonder des écoles, de multiplier les maîtres et de venir en aide à l'indigence d'un trop grand nombre de parents. Mais même dans ces écoles établies avec le concours du pouvoir civil, si l'Etat peut surveiller la gestion des intérêts matériels, le droit de direction et de surveillance sur l'enseignement demeure à l'Eglise. » (Approbation à gauche.)

PLUSIEURS SÉNATEURS A GAUCHE. Voilà la liberté !

M. LE BARON DE LAREINTY. Au point de vue moral et religieux, il n'y a rien de répréhensible.

M. LE MINISTRE. Je vous demande bien pardon ; ce que je viens de lire n'est pas écrit uniquement au point de vue moral, c'est une doctrine sociale que l'on prêche et que l'on professe, que l'on veut répandre, et de laquelle nous avons le droit de dire que c'est là votre vraie doctrine.

Mais la liberté de l'enseignement est peu de chose, voici maintenant le libéralisme. Ecoutez cet article du révérend Père Félix, — ce n'est pas assurément le premier venu dans cette docte compagnie — ...

M. PELLETAN. C'est le plus fort !

M. LE MINISTRE... qui a paru dans les *Études religieuses* de janvier 1872. Le P. Félix s'exprime ainsi :

«... Plusieurs se faisaient trop facilement ce que l'on a bien nommé l'illusion libérale : ils ne se contraignaient pas à voir tout ce qui se cachait sous ce nom fascinateur ; ils oubliaient trop que ce mot libéralisme a servi partout dans le passé, et sert encore, dans le présent, de masque à la Révolution et même à l'anti-christianisme.

« Le libéralisme ! est-ce que ce n'est pas lui qui, il y a quarante ans, une troisième fois, chassait du sol de la France la dynastie de nos rois ? Est-ce que ce n'est pas lui qui, depuis, a partout plus ou moins relevé ou déployé le drapeau de la Révolution? Est-ce que ce n'est pas lui qui, aujourd'hui encore, fait la guerre à l'Eglise en Belgique et en Hollande, en Espagne et en Italie, en Suisse et en Bavière, en Autriche et en Portugal, partout enfin dans notre vieille Europe et jusque dans le nouveau monde lui-même?

« Comment, nous, catholiques et conservateurs que nous sommes, pourrions-nous encore nous tromper, à plaisir, sur la signification de cette chose qui, partout et toujours, couvre de son drapeau et de son prestige toute entreprise de la Révolution et toute persécution contre l'Eglise ? Et comment, sans une contradiction flagrante, nous parer de ce mot qui ment, sur toute la ligne et dans toutes les sphères, à tout ce que nous croyons et à tout ce que nous aimons? Et comment consentir encore à faire nôtre un nom qui, partout, est devenu un mot de passe de la Révolution? Comment enfin ne pas reconnaître, en pleine lumière de l'évidence, que ce mot est catholiquement un mot à réprouver et à laisser désormais à l'adversaire? »

Et le Père Ramière! messieurs... (Interruptions. — Parlez! parlez!)... dans le numéro de janvier 1874 des mêmes *Études religieuses*, sous ce titre : « La banqueroute du libéralisme », le Père Ramière, qui était professeur de droit, et qui est aujourd'hui professeur de théologie à la faculté catholique de Toulouse, publie les lignes suivantes :

« Le libéralisme est la doctrine de la Révolution... »

UN SÉNATEUR AU CENTRE. C'est une opinion individuelle!

M. LE MINISTRE. Je demande bien pardon à l'honorable M. Bocher, il sait très bien qu'il n'y a pas dans la compagnie de Jésus d'opinion individuelle. (Protestations à droite. — Si! si!)

M. BOCHER. Je ne vous ai adressé aucune observation.

M. LE MINISTRE. Je dis d'abord qu'il n'y a pas d'opinions individuelles, dans la compagnie de Jésus. (Nouvelles protestations à droite. — Très bien! à gauche.) J'ajoute que lorsqu'une corporation...

M. BOCHER. Supprimez alors toutes les revues, supprimez la presse!

M. LE PRÉSIDENT. N'interrompez pas, monsieur Bocher, vous n'avez pas la parole.

M. LE MINISTRE. Il n'est question de rien supprimer, mais seulement de voir clair dans ce qui se fait et ce qui se trame à côté de nous. (Violentes interruptions à droite. — Parlez! parlez! à gauche.)

M. LE BARON DE LAREINTY. Il s'agit de voir clair à la lumière rouge!

M. LE MINISTRE. « Le libéralisme est la doctrine de la Révolution, et la Révolution est l'application pratique du libéralisme. Cette pratique, comme la théorie elle-même, peut être plus ou moins logique : il y a la révolution modérée et la révolution radicale; mais entre l'une et l'autre il n'y a pas d'autre différence que celle qui distingue le torrent au moment où il rompt sa digue, de ce même torrent lorsqu'il ravage les campagnes : la différence du principe et de ses conséquences. Nous le comprendrons bien mieux encore en considérant l'inexorable nécessité en vertu de laquelle les peuples qui se sont laissé séduire par le mensonge du principe libéral sont contraints de dévorer toute l'amertume des conséquences. »

Je dis que c'est un fait à retenir que l'existence et la publication de cette revue ; qu'il n'est pas possible de dire, lorsqu'une corporation comme la compagnie de Jésus fonde à Paris une revue et y rédige tous les mois sa doctrine politique et religieuse, que nous n'avons affaire qu'à des opinions individuelles.

PLUSIEURS SÉNATEURS A GAUCHE. C'est clair !

M. LE MINISTRE. Non, nous avons affaire à la doctrine vivante de la compagnie et nous pouvons en tirer bien d'autres arguments — et autrement solides que tous ceux qui sont contenus dans toutes les publications de ses casuistes. Vous trouverez sous les mêmes plumes la condamnation absolue, violente, injurieuse du suffrage universel, de la souveraineté du peuple, qu'on traite de déraison et de monstruosité, — des articles organiques, bien entendu, — du code civil, du mariage civil, ai-je besoin de le dire?

L'honorable M. Lucien Brun est tancé pour n'avoir pas été assez loin. (Vives protestations à droite.)

M. LUCIEN BRUN. Vous n'avez rien compris à ce que j'ai dit.

M. LE PRÉSIDENT. N'interrompez pas, monsieur Lucien Brun.

M. LUCIEN BRUN. Quand on est attaqué on a le droit de répondre. (A gauche : A l'ordre! à l'ordre!)

M. LE MINISTRE. Quand vous aviez la parole, monsieur Lucien Brun, je ne vous ai pas interrompu.

M. LUCIEN BRUN. J'ai demandé la liberté et vous n'avez rien compris à ce que j'ai dit.

A GAUCHE. A l'ordre ! à l'ordre !

M. LE PRÉSIDENT. N'interrompez pas, monsieur Lucien Brun, vous n'avez pas la parole et je serai obligé, si vous continuez, de vous rappeler à l'ordre.

A GAUCHE. A l'ordre ! à l'ordre!

M. LE MINISTRE. Je n'oserais pas apporter à cette tribune les expressions offensantes et grossières, ni les épithètes inqualifiables qu'on inflige, dans les *Etudes religieuses* des pères jésuites, au mariage civil.

Vous y pourriez trouver aussi, si vous êtes curieux de ces choses, sur la capacité de recevoir et sur les cas de conscience, en matière de fidéi-commis, des théories des plus curieuses et des plus intéressantes ; c'est la théorie de la captation (rumeurs à droite), à l'usage de ceux qui emploient de tels moyens, pour enrichir, non pas eux-mêmes, sans doute, mais la compagnie à laquelle ils appartiennent. Enfin, vous y verriez, s'il est vrai de le dire, comme on l'affirme trop légèrement, que les jésuites ne font pas de politique. (Rires à gauche.)

Il n'y a pas, sachez-le bien! un seul des incidents de nos luttes politiques, depuis 1871 jusqu'à 1877, pas un seul! qui n'ait été dans les *Etudes religieuses* l'objet d'une polémique des plus significatives. (Bruit à droite.)

J'ai le droit de dire, les preuves en main, que la doctrine de la compagnie de Jésus, la doctrine des jésuites d'aujourd'hui, de tous ceux qui sont établis en France et qui ont sous leur direction une partie de la jeunesse, est cette même doctrine de légitimité et de théocratie, qui a tenu en échec, pendant plus de sept ans la République française et dont la France n'a triomphé qu'à force d'énergie et de patience. (Applaudissements à gauche. — Protestations à droite.)

Messieurs, il me semble pourtant qu'il ne faut pas un si grand étalage de documents pour le démontrer. Il suffit de faire appel à la conscience de tous, à votre expérience à tous, à vos souvenirs les plus récents.

Est-ce que vous n'avez pas vu les congrégations non reconnues, cette partie de l'Eglise militante qui tient une si grande place dans la politique ecclésiastique de ce temps, et, notamment, la compagnie de Jésus, est-ce que vous ne les avez pas retrouvées dans tous les événements, dans tous les mouvements politiques contre lesquels vous avez lutté pendant huit ans? Et qui donc a donné au parti clérical en France cette organisation formidable? qui donc a institué, groupé les comités catholiques, qui en a fait un vaste réseau étendu sur la France entière?...

M. Chesnelong. Les jésuites n'y sont pour rien.

M. le vicomte de Lorgeril. Vous savez bien que cela n'est pas exact! (Rumeurs à gauche! — A l'ordre! à l'ordre!

M. le président Monsieur Chesnelong, vous n'avez pas la parole; je vous prie de garder le silence.

M. le ministre. Qui donc a donné le mot d'ordre?...

M. Chesnelong. C'est nous qui avons formé les comités catholiques. Si vous les incriminez, nous sommes là pour répondre de leurs actes, nous en revendiquons et nous en acceptons la responsabilité. Je répète que les jésuites n'y sont pour rien! (Bruit.)

M. le président. Monsieur Chesnelong, je vais être obligé de vous rappeler à l'ordre si vous continuez.

M. le ministre. Les jésuites, mais ce sont ceux qui provoquent, qui prêchent cette organisation; elle est leur œuvre, ils en sont l'âme, ils en sont les chefs. (Violentes interruptions à droite.) Et qui donc a groupé avec une telle puissance, avec une telle habileté, avec un apostolat si énergique et si persistant, tous les cercles catholiques ouvriers, l'œuvre de Jésus ouvrier, par exemple, si ce ne sont pas les jésuites et leurs élèves? (Très bien! très bien! et applaudissements à gauche.)

M. Chesnelong. Les jésuites sont complètement en dehors de l'œuvre des cercles catholiques. Laissez à ces œuvres leur responsabilité; elles ne la répudient pas. N'imputez pas aux jésuites des solidarités qui ne leur appartiennent point.

M. LE PRÉSIDENT. Monsieur Chesnelong, si vous continuez à interrompre, je serai obligé de vous rappeler à l'ordre.

M. LE MINISTRE. Qui donc a mené toute cette campagne ?...

M. BARAGNON. Vous calomniez les organisateurs des comités catholiques.

M. LE PRÉSIDENT. Monsieur Baragnon, je vous rappelle à l'ordre; vous n'avez pas le droit d'interrompre.

M. LE MINISTRE Vous dites que je calomnie les organisateurs de ces comités, de ces œuvres pieuses ; qu'ils n'ont pas de pensées politiques, d'intentions politiques, qu'il n'y a aucune politique là-dedans !

Qui donc a prononcé ces paroles ?

« Voici qu'aujourd'hui, après cinq ans de travail et de luttes, forts de nos 300 associations répandues dans toute la France, de la discipline qui les unit et de la foi qui les anime, nous avons le droit de répéter avec confiance le nom de cette œuvre née dans l'obscurité, et de proclamer qu'elle est, dans notre temps, l'œuvre sociale par excellence ». Cette œuvre, messieurs, c'est l'œuvre de Jésus ouvrier. Et qui donc s'écriait encore :

« Ah ! c'est que nous ne sommes pas seulement les serviteurs d'une œuvre : nous sommes les soldats d'une idée ! C'est que, dès le premier jour, cette idée était au fond de nos cœurs et s'en était emparée pour nous précipiter au combat ; idée que peut-être nous n'aurions pas su définir, mais qui, cependant, avait éclaté dans notre premier cri, qui nous accompagnait sur la colline de Belleville, et qui, depuis, ne nous a abandonnés ni un jour ni une heure, qui a rempli notre vie, jusqu'à n'y laisser place pour aucune autre pensée, et qui a illuminé notre route d'un éclat toujours nouveau : cette idée, c'est la contre-révolution faite au nom du *Syllabus !* » (Bruyantes exclamations. — Bravos et applaudissements ironiques à gauche.)

M. CHESNELONG se lève et prononce avec véhémence quelques paroles qui ne parviennent pas au bureau.

M. LE MINISTRE. Et pour qu'on ne s'y trompe pas, l'apôtre enflammé, l'ardent disciple des jésuites, qui prononce ces paroles, M. le comte Albert de Mun continue en ces termes...

M. DE GAVARDIE. Vous savez bien qu'il ne peut pas vous répondre ! (Bruit prolongé.)

M. LE MINISTRE, *lisant :* « La Révolution, messieurs, je ne veux pas dire tel ou tel accident de la fortune des peuples, mais cette doctrine funeste qui trouve dans le cœur de l'homme des racines aussi anciennes que lui-même, parce qu'elle s'appuie sur son orgueil, doctrine de révolte et de négation, qui s'attaque au droit et à l'autorité et qui les remplace par la force et par le nombre ; c'est là qu'est la Révolution, bien plutôt que dans les tempêtes qui viennent, à certains jours, bouleverser notre société.

« Après avoir conquis, par des assauts violents et multipliés, le sol de France, elle y a tout envahi, l'esprit d'abord et les pensées de la multitude, empruntant, pour mieux séduire les hommes, les visages les plus divers et se faisant, pour plaire, douce et souriante. La voyant pacifique, les hommes ont cru qu'ils l'avaient domptée, et, tandis qu'ils s'apprêtaient à lui donner des chaînes, ils se laissaient eux-mêmes attacher à son char et traîner derrière elle. »

Enfin, messieurs, qui a donné aux pèlerinages (Exclamations à droite) ce caractère politique...

M. LE COMTE DE TRÉVENEUC. Ce n'est pas là le langage d'un ministre, d'un représentant du Gouvernement!

M. LE MINISTRE... qui en a fait des manifestations politiques?

M. LE COMTE DE TRÉVENEUC. Vous excitez les passions au lieu de les calmer! vous ne cessez de faire appel aux plus mauvaises!

M. LE PRÉSIDENT. Monsieur de Tréveneuc, vous n'avez pas la parole. Je vous rappellerai à l'ordre, si vous continuez.

M. LE COMTE DE TRÉVENEUC. Non! Ce n'est pas là le langage d'un ministre!

M. LE PRÉSIDENT. Monsieur de Tréveneuc, je vous rappelle à l'ordre!

M. MONNET. Rappelez l'orateur à l'ordre!

M. LE MINISTRE. Et qui a dit cette chose du pèlerinage de Lourdes, par exemple: «Lourdes, c'est par excellence le pèlerinage de la contre-révolution, parce que c'est l'expiation même de l'œuvre sociale que nous avons à faire!» le même orateur M. de Mun.

M. LE MINISTRE. Messieurs, la question qui est posée devant vous se rattache par des liens intimes à la lutte entamée par le parti clérical, par le parti de la théocratie, sous l'inspiration des doctrines de la compagnie de Jésus, contre la société moderne. (Très bien! très bien! à gauche.)

Et c'est pour cela que le pays ne s'y trompe pas, c'est pour cela qu'il n'y a, en quelque sorte, qu'à frapper la terre du pied pour en faire jaillir...

VOIX A DROITE. Des pétitions!

M. LE MINISTRE... les sentiments d'aversion que la France éprouve pour ces doctrines funestes, condamnées par nos institutions, par tous les gouvernements successifs, et que vous messieurs si vous êtes des législateurs prudents, vous ne laisserez pas s'installer et se développer dans l'éducation de la jeunesse! (Très bien! très bien! à gauche.)

L'honorable M. Jules Simon a dit dans son rapport que la lutte aujourd'hui est devenue, par notre imprudence, le combat entre le catholicisme et la République. (Non! non! à gauche!) Il s'est trompé.

M. BARAGNON. C'est la vérité!

M. LE MINISTRE. Non, il s'est trompé; elle est entre l'esprit laïque et l'esprit théocratique. (Oui! oui! — Très bien! à gauche.)

M. LE BARON DE RAVIGNAN prononce quelques paroles qui ne parviennent pas au bureau.

M. LE PRÉSIDENT. Monsieur de Ravignan, n'interrompez pas!

M. LE MINISTRE... Elle est entre le *Syllabus* et la Révolution ! (Très bien ! très bien ! et applaudissements répétés à gauche.)

Et c'est pour cela que nous convions à soutenir avec nous ce combat, qui est l'œuvre de l'heure présente, et qui est vraiment le bon combat, tous ceux qui procèdent de la Révolution française, tous ceux qui ont recueilli son héritage, tous ceux qui révèrent ses principes et qui se consacrent à son service, tous ceux qui croient que nous avons de grands devoirs vis-à-vis des générations qui nous ont précédés comme vis-à-vis des générations futures, et que le premier de ces devoirs, c'est d'arracher aux contempteurs de la société moderne, de l'ordre social et politique dans lequel nous vivons, l'âme de la jeunesse française. (Triple salve d'applaudissements à gauche. — M. le ministre, en retournant à son banc, reçoit les félicitations d'un grand nombre de sénateurs.)

Sceaux. — Imp. Charaire et fils.

71

www.ingramcontent.com/pod-product-compliance
Ingram Content Group UK Ltd.
Pitfield, Milton Keynes, MK11 3LW, UK
UKHW020209200726
13856UKWH00004B/1284